習慣紅利

艾爾文——著

suncolor
三采文化

從工作管理到人生管理，
從微小改變到人生蛻變

CHAPTER 2

選擇的習慣
——做對選擇，讓每一次的努力更值得

CHAPTER 3

思維的習慣
——突破思考慣性，重新創造你自己

CHAPTER 4

時間管理的習慣

——不是為了更多時間，是為了更多自由

CHAPTER 5

工作的習慣

——真正的實力，來自會跟著你的能力

CHAPTER 6

金錢的習慣——打造穩固的財務基礎，持續累積投資收入

前言

累積習慣的紅利，兌現想要的未來

我的眼睛曾經罹患視神經麻痺，如今回想事發過程依舊難以置信。

當天我是騎機車上路後才驚覺，眼前所有景象全糾結在一起，連牽車行走都變得困難。問題在於，事發當下我人已經坐在機車上，是如何在視線混亂的情況下迴轉到對向車道？在那之前怎麼從三樓的房間快速下樓？我又如何在起床時，推開浴室門走進去盥洗再走出來著裝？我是怎麼在眼前生活變調的情況下，依舊做出跟平常一樣的行為？

一切，都是慣性行為。心理學家威廉．詹姆斯（William James）說：「我們的一生，不過是無數習慣的總和[1]。」說來，習慣是一條看不見的繩索牽引著人，也牽動著人生。

為何好習慣很重要？

顯然地，會將此書拿起來閱讀的你，多少知道培養習慣的重要。然而，你心中是否依然存有某些困惑，為何明明有想做的事情，有時就有動力去做，有時卻怎麼都提不起勁？

好比以下這些情況：

- **希望人生有更多的可能，但好像也不知道該做什麼？**
- **知道需要運動，卻無法堅持運動的習慣。**
- **想要離職換工作，卻又擔心做錯選擇。**
- **明白不應該再拖延，卻還是拖到最後一刻才做。**
- **想更有效率地工作，但每次忙起來就回到一團亂的日子。**
- **已經很努力地生活，為何存款依舊緩慢累積？**
- **心中有想做的事，但總是感嘆沒有時間跟心力去實現。**
- **知道某些事不該做，某些食物要忌口，卻還是忍不住。**

關於這些問題，有幾個經常被歸咎的原因：不夠自律，或是意志力不足，才導致沒有動力。甚至是更抽象的說法——沒有夢想，所以人生才會迷惘。

然而我將在書中解釋，雖然意志力或自制力對做事情有幫助，但如果我們總是想靠意志力來完成事情，最後不是成效不彰，就是很難堅持下去。反之，如果懂得借助習慣的力量來達成目標，人生進展不只更順利，你也更容易實現理想生活。

好習慣，讓你事半功倍的最佳利器

我舉一個例子你就會懂：請試著想像，如果在你眼前有許多個厚重的箱子，而你需要徒手一箱一箱搬運到其他地方，是不是很累人呢？而且肯定會愈搬愈累。但如果你身邊有一臺手推車，搬運起來想必輕鬆許多，而且一次還可以搬運好幾個箱子，不只顯得輕鬆愜意，更能節省許多時間。

同理，單靠意志力做事情，就如同徒手搬箱子，你的意志力很快就會耗盡；而培養習慣做事，就像是你懂得利用推車來搬運箱子。

坊間有一種說法，人的意志力就像肌肉需要鍛鍊，聽起來確實如此；可是就算把肌肉訓練得再發達，人的力氣依然不是多到用不完。至於那些箱子，則是此刻你想要完成的事情，是人生路上想要達成的目標，如果因為無力搬動，它們就會一直被擱置在人生的某個角落。

簡言之，如果只會用意志力來做事情，你很可能都是在強迫自己的情況下行動，當意志力或自制力消耗殆盡時，就如同肌肉疲勞搬不動箱子，做起事來會顯得心力交瘁，或乾脆打消心中想做的念頭，直到某天來不及實現，只能在心中留下遺憾。有不少讀者就跟我提過，雖然心中有想做的事，但白天工作已經很累，下班後總是心有餘而力不足；這也是意志力消耗光的原因。

而培養好習慣的重要性就在這裡，它可以幫助你在不需要動用意志力與自制力的情況下，反覆完成每天要做的事，持續達成想要的目標。這也是養成習慣的用意：**我們不應該靠加強意志力**

懂得利用習慣做事，如同擁有省力工具

想靠意志力做事，就像徒手搬箱一樣耗時費力；
懂得運用習慣做事，如同有了推車般省時省力。

做事情，而是不需要消耗意志力也能完成事情。畢竟人的意志力有限，應該要將它保留到更需要專注的時刻。

說到這裡，你已經更進一步了解培養好習慣的重要，但請別在這邊就停下來，因為多數情況下，培養好習慣其實很困難；原因不是出在你我身上，而是現今的誘惑已經超出人類心智所能負擔。

現代誘因多，好習慣難養成？

關於習慣形成的原因，以及習慣是如何影響人的行為，長年來有許多組織做過研究，也有愈來愈多專家出書探討。然而，培養好習慣依然像是定期檢查牙齒般，是個許多人知道應該做，卻不會去做的事。

培養好習慣為何難？或者反過來問，壞習慣為何自然就形成？歸根結柢，答案都是誘因。

為了生存，人的大腦時時刻刻都在尋求快樂，如果某件事做起來讓你開心，它就會希望你多做。不過，大腦並非真的知道哪件事、何種食物會讓人開心，而是演化出神奇的多巴胺與腦內啡，省去勞心分辨眼前事物的流程，改判斷只要能促進分泌這些快樂激素的行為，就是值得你去做的事。

這機制原本對人類是完全有利的。因為吃飽後會快樂，餓肚子則會心情低落，遠古時代的人就有動力尋找跟儲備更多的食物。然而到了現代，每天隨手可得的食物千百種，吸引人的誘因那麼多，光是分泌一些快樂激素已經不夠，我們開始渴望能促進更多快樂激素的食物跟活動。

這個渴望更多的行為有一種說法，叫上癮。

在許多探討習慣的書籍中皆提過類似實驗，動物對某個誘因產生興趣後會反覆做那件事，久了之後會形成行為上的習慣，此時對誘因的渴望會由好奇轉成上癮。就算後來實驗人員動手把誘因移除，箱子裡的動物還是會繼續做出同樣的行為，直到某次心灰意冷才停止行為。

可是在人類的生活裡，並沒有那隻「看不見的手」會把誘因拿開，周遭隨處可見吸引人購買的廣告，誘惑人品嘗的食物，還有勾起人好奇的訊息，不斷強化你我對它們的依戀，誘導人反覆進行同樣的行為。也難怪，壞習慣自然就形成，好習慣卻要費力養成。

不過，培養好習慣依然有比較輕鬆的方法，我們可以從觀察一座島上的牛群開始。

從微小習慣開始，成就感讓人易持續

馬德拉群島（Madeira Island）坐落於葡萄牙外海，著名的馬德拉酒即出自於這裡。據說，島上有些酒莊釀的酒品質特別好，原因是採用的葡萄來自海拔相對高的地區，風味相對獨特。只是，相對高的地方也帶來相對難的問題。

為了栽種葡萄，莊園農主必須依靠專門的牛來耕犁葡萄園，問題是通往高原的山路險峻，人要上去已經困難，又該如何運送牛群？除了載運成本所費不貲，還要冒著牛隻跌落山谷的風險。

在幾次苦思之後，農主想到其實不應該把牛隻「運送」到高原，而是要讓牠們「生長」在高原。他們先找人把出生不久的小牛揹到高原上，再一頭一頭畜養到大，自此徹底解決耕犁葡萄園的問題。

如果把人生比喻為一座透過習慣來耕種的莊園，**想要擁有滿意人生的關鍵，不是一開始就挑戰需要費力才能培養的習慣，而是要從微小的習慣開始蓄養，從中獲取成就感再堅持下去。**

前面說到誘因會促使人去做重複的行為，而誘因又可分為正向與負向，其中獲取成就感就是有利的正向誘因。想想看，當你專心忙完工作後，是否覺得特別充實？或是整理完家中環境後，心情也跟著煥然一新？這就是人類獲取成就感的途徑：有目標地完成事情，而且會讓人願意再做一次。

好比我在出社會頭幾年沒有運動的習慣，某天心血來潮使勁地運動後，沒多久已氣喘吁吁，隔天更是全身肌肉僵硬、疼痛，休息好多天都沒有再運動的念頭。

直到某天重新找回動力後，我決定把目標改為運動十分鐘就好，過程比較順利，完成後心裡也覺得踏實。縱然隔天身體有一些痠痛，卻感受到自己的身心開始成長，當天就再做一次十分鐘的運動。至今我的運動習慣已經維持好幾年，運動時間也拉長到每次至少三十分鐘，這幾年則在運動清單裡加入健身的項目，體態比二十多歲時還要好。

工作方面也是，我在三十歲前並沒有寫作的經驗，起初也只是斷斷續續地寫。後來我跟自己約定，目標是每週至少要完成一篇不限字數的文章。就這樣從每週好不容易寫出一篇文章，逐漸變成有能力一週寫完兩篇，再到後來可以每週固定寫好三篇，幾年下來竟也累積超過五十萬個字、四百多篇的文章。如今連同此書則是我出版的第七本書，還曾經兩度名列年度暢銷作家榜，更是少數橫跨商業理財與心理勵志題材的作者。

然而，也不是所有的目標都能帶來正面影響，倘若目標難度過高，導致完成時間一再延宕，不只讓人難以堅持下去，也容易讓人感到沮喪。我在書中將提到，比較適當的方法是把大目標切割成小目標，透過階段執行的方法來實現；這也是為何當初我改從十分鐘運動開始，寫作是從一週一篇數百字的文章開始。

除了更容易實現，切割目標也有助於養成好習慣。書中會說明，時間點是養成習慣的明確提示，當目標經過切割後，每次執行的時間通常會變短，更容易在固定的時間點養成做那件事的習慣。這幾年我則逐步將這套方法融合心理學與行為經濟學知識，系統化成為我所謂的「小積步法則」，透過微小習慣的養成，慢慢實現人生各階段的目標。

關於此法則，雖然細節上需要更多篇幅才能說明清楚，但在此我先跟你分享一個自身的經驗，因為微小習慣就明顯成長的例子，其中的觀念你現在就能用得上。

我還在當工程師時，每天上班前會固定學習英文，當時只要求自己每天複習十個單字，或是讀完一篇短文，這目標利用上班前的空檔就能達成，就算當天必須跳過晨讀時間，下班後也只需要十幾分鐘就能把進度補齊。如此安排也是刻意的，如果那時我把目標設定為要讀完一篇長文章、背幾十個單字，每次至少要耗時半小時以上，或許幾天沒做到就中斷了練習英文的習慣。

猶記那幾年固定練習英文的早晨，每天一點一滴地學習，不只累積愈來愈厚的筆記，在會議上跟外國客戶的對答也更流暢，過程中滋生的成就感，逐漸醞釀為持續晨讀英文的習慣。

如果此刻你有想要實現的目標，不妨也把執行目標的過程，拆解成每次十到十五分鐘就能完成的進度，並在每天固定的時段來執行，幾個星期後你就會感受到自己的成長。

習慣紅利帶來的人生蛻變

至於明顯的蛻變，我最近一次體會到習慣帶來的效益，是在二〇一七年剛開始經營YouTube影音頻道時。當時的我不知道如何製作影片，不懂如何寫好腳本企劃，更不會使用專業影音剪輯軟體。拿起相機錄影很簡單，卻不清楚什麼樣的題材能夠引起共鳴，不懂如何掌握影片節奏。何況，當時網路影音市場已經進入百家爭鳴階段，並非上傳有特色的影片就能受到關注。

但不出一個月，我對於頻道的營運已經上軌道，有了完整的影片製作流程，訂閱人數也穩定上升中，約莫九個月頻道訂閱人數就突破十萬關卡。之所以進展順利，也不是我特別有資質，而是我早已養成一套系統化做事情的工作習慣，知道如何用最少的時間完成最重要的事情，同時這些習慣也產生了我所謂的習慣紅利，因此加快頻道發展的速度。與此同時，我也沒有荒廢自己的寫作，持續出版作品，其他原本的工作也照計畫進行著。

其實，藉由之前的習慣來加快新領域的發展，對我來說算是行之有年。我在多年前開始經營寫作事業時，就是把上班時管理專案的工作習慣套用過來。再往前推算，剛步入社會上班時，則是把準備研究所考試的時間管理習慣，套用在職場工作裡。如今我若是需要跨入新的工作領域，此刻熟悉的工作管理與時間管理習慣，都可以立即套用上。

看似微小且無形，卻一直牽動著人生，這正是習慣帶來的影響。而且就算一開始只是微小的付出，長久卻能帶來巨大的改變，這正是累積習慣紅利的好處。

巧妙的地方在於，雖然蛻變的幅度很大，但起初都只需要從微小的行為開始調整。以我自己來說，也許只是固定空出寫作時間，或是堅持工作前寫好待辦事項，或是稍微調整日常作息，或是在下班後收拾好工作桌面等簡單的事，這些都是在你閱讀此書的當下，就能一同培養的習慣。而這些微小習慣將會引導你養成更多好習慣、摒除壞習慣，最終成為改變人生的核心習慣；無論是生活習慣、工作習慣、金錢習慣等領域都將出現明顯的成效。

本書想告訴你什麼？

此書的寫作初衷，是提供一個步驟化養成習慣的作法，在生涯不同階段都能改變和成長。雖然市面上已經有許多探討習慣養成的書，然而就我所知，內容大多是由西方作者所執筆，關於習慣的理論也是以西方思維來解析，此刻依舊缺少一本以中文口吻來撰寫，更貼近你我生活文化的習慣養成書。

更重要的是，有別於這些書籍較少提及養成特定習慣的方法，我在書中除了整合習慣培養的觀念，也給予具體培養特定習慣的作法，將過去我自己透過習慣取得成就的實際經驗，整理成可執行的觀念與步驟；其中包含選擇習慣、思維習慣、時間管理習慣、工作習慣與金錢習慣，以及如何透過各領域的習慣紅利，逐漸取得更好的人生發展。

在全書六個章節中，我將會循序漸進地說明，如何有系統地培養習慣，以及運用這些領域的習慣紅利，進而改變你的人生。

在第一章中，你會學到習慣是如何影響現今的人們，以及如何透過我設計的四個步驟——隔絕、引導、持續、追蹤，逐步改變你現有的生活。強調一下，這四個步驟並非僅僅讓你「養成」習慣，更能讓你杜絕現有不好的習慣，開始形成對你長遠有利的好習慣。這些步驟的原理是我研讀上百篇心理學與行為改變相關文獻後萃取而成，並結合我自己長期運用後的心得，是足以受用一生，不斷循環應用的人生改變法則。

在了解習慣的原理跟如何運用後，接著我會分門別類地介紹不同領域的習慣是如何影響我們，以及如何在該領域培養對人生有利的習慣。在第二章與第三章中，你會明白習慣是如何影響人一天的選擇跟思維，讓自己更聚焦在人生值得發展的事情上。

接著我會再談到如何透過習慣紅利，累積人生最重要的三大資產：時間、能力與金錢。第四章會先專注在時間管理的習慣跟技巧上，這些習慣在分心世代顯得格外重要。第五章會從工作能力的角度，帶你了解習慣如何影響工作表現，以及如何培養對職涯發展有利的工作習慣，創造自己想要的人生。

最後一章則來到金錢習慣，我們會學習正確的花錢習慣，以及培養如何愈花愈有錢的習慣，還有建立投資思維的習慣，最終透過金錢實現更好的生活。在閱讀過程中，你也會了解如何運用這三大資產的習慣紅利，學會更有效地運用時間，更有效地培養工作能力，以及管理好金錢。

為何想寫這本書？

轉眼間，我研究習慣的時間已經超過十年，從寫下第一篇跟習慣有關的文章開始，我彷彿著迷般持續研讀跟習慣有關的資料，也漸漸體會到，原來自己從學生時準備研究所考試，到擁有存錢觀念與投資理財技巧，再到如今有能力經營加總超過百萬人訂閱的社群，每天穩定產出有品質的工作，都是從過往某個時期培養的習慣開始。

我覺得自己是幸運的，能夠提早認知到習慣對人生的影響，透過培養習慣改變了自己的人生。正因為覺得幸運，我也興起將所學所知分享出來的念頭，而本書就是在這個機緣下誕生。在撰寫書稿的日子中，我腦中更是存有大膽的想法：相信此刻在你手上的這本書，也能改變你的人生。

可以肯定的是，如果你曾經接觸過這方面題材的內容，書中有些理論你多少聽過；但我保證，你會看到我在書中以嶄新的方式解讀這些理論，而且以更有系統的作法整合在一起，並使用貼近你我生活的角度來描述，協助你落實於平日的工作跟生活之中。

我之所以敢這樣說，是因為過去我的確花了很多時間來理解、學習、摸索跟習慣有關的理論，並在自己嘗試很多錯誤的方法後，逐漸找出有效的作法，實際運用在工作與生活裡。

在此之前，它已讓我如願考取研究所，成為公司同期中最早升遷的人，順利轉換職涯跑道，並打下良好的投資理財基礎。書中無論是觀念或作法，都是我親身實踐多年後得出的應用心得，我相信這些經過長期實際驗證、不走捷徑的作法，也可以為你帶來實質的幫助。

我並非想要吹噓自己多厲害，也不想讓你誤以為改變很容易，事實上根據許多研究都顯示，要人改變非常困難，每個人都會被自己的本能習慣拖住而難以改變。這也是我設計「改變習慣四步驟」的原因，並不是要你大徹大悟地做出改變，而是只要每天微調一點行為，漸漸累積屬於你的習慣紅利，再藉由這些紅利讓改變愈來愈順利。

●●●

每當我寫一本書時，執筆前與停筆後都會問自己這個問題：「如果有機會回到過去，我會希望自己閱讀這本書嗎？」

會的，我一定會要求以前的我閱讀這本書，甚至告誡自己盡快吸取書中內容。因為我知道，改變習慣雖然沒有捷徑，但此書的內容會加快自我實現與個人成長的速度，對生活、職場工作、金錢管理、時間管理乃至於職涯選擇都有實質的幫助。

如果你也想持續在這些領域取得進展，想運用習慣紅利帶動人生的成長，想體會養成習慣帶來的成就感，期待這本書交到你手裡後，指引你一個改變人生的方向。

CHAPTER

1

關於習慣

為何微小的習慣，就能帶來人生的蛻變？

大腦的習慣清單如何影響我們？

紙，人類史上最偉大的發明。一張空白的紙能創造無限多種可能。紙的問世承載了知識的流動，駐足其上的故事滿足人的好奇心；描繪的路線圖指引人去的方向；雙方的簽名決定兩人是結縭或分離。還有，左右了第二次世界大戰的結果。

一九三五年，適逢二戰衝突醞釀之際，波音公司研發出前所未有的飛行巨獸——二九九型轟炸機。在那之前，世人沒見過如此龐大的「物體」飛離地表，其低沉的引擎聲猶如從天而降的巨人怒吼，更別說飛行能力不只比舊型轟炸機更快，還更遠。

拜機型強大的載運量所賜，軍方認為這架飛機將會是戰場上的主宰者，早在試飛前就內定此架機型為下一代轟炸機。畢竟，如果連如此巨大的飛機都開始擁有敏捷性，它的戰力肯定勝過小型飛機，如果不早點淘汰舊型轟炸機，或許就是自己的國家被戰爭淘汰。

然而，一架飛機再怎麼強大，會出人命就不應該起飛。

試飛當天，一架二九九型轟炸機在眾目睽睽之下，離地起飛又隨即墜毀落地，火舌無情吞噬掉年僅四十一歲的飛行員性命，其餘四人重傷，現場機身宛如被人截斷的魚體，獨自癱在草坪上冒著黑煙哀號。事發後各方輿論有如鯊魚見血般群體撻伐，當天下午《戴頓每日新聞報》更用整個頭版報導事件起因，揭露背後鉅額的財務損失。

原本波音公司就這樣要被軍方淘汰了，高額的研發經費即將付諸流水，也逼得公司走向破產邊緣。後來讓公司起死回生的，是一張紙，一張寫在紙上的確認清單（Checklist）。

事發之後幾個月，軍方與波音公司持續檢討空難發生原因，畢竟該飛機實在太出色，若能排除這次飛行事故的根本原因，其他飛機製造公司根本無法相比。最終調查結果出爐，軍方認定因為新型轟炸機的操作比以往複雜，才會連最出色的飛行員都出錯。

為了不重蹈覆轍，波音與軍方合力設計出飛行前要確認的所有步驟，寫成一張制式清單。這張清單讓二九九型轟炸機重新啟航，之後創下飛行上百萬哩依然零事故的成績。幾年後它飛向了二戰的天空，成為舉世聞名的B-17轟炸機，所到之處無人能敵。

如果說，一張清單可以改變一場戰局，是否也能改變人的一生？

答案是可以。而且這些清單還不需要寫在紙上，不需要從外界尋求，此刻就存在你我的大腦裡。

習慣是演化而成的本能

經過長期演化後，人類大腦建立了一套有助於生存的系統——習慣迴路。它們就如同一張又一張寫好的清單存在大腦中，彷彿排列在檔案櫃裡的文件等著人提取。

至於寫在清單上面的，則是各種行為的執行步驟，當我們接觸到某個提示時，大腦就會自動提取對應的某張清單，依序執行上面的步驟；拿起牙刷就會往嘴裡送，握到門把就順向轉動，玩起手機就止不住地滑，坐進沙發就打開電視，看到甜食就產生食慾，遇到攀比就會起競爭心。

這些建構清單的能力是生物經過數萬年演化而成，是人類與生俱來的本能，是人類養成習慣的目的，讓人可以跳過各種思考的步驟直接產生某種行為。

經濟學家海耶克（Friedrich A. Hayek）曾用「鄉間小路」來形容人的行為與社會，據說就是啟發於達爾文的演化論。他形容當一處田野被人走過多次後，就會隱約出現一條小路，後人就會沿著那條小路穿越田野。隨著行走的人愈多，道路就愈明顯，最終成為穿越鄉間最便捷的路。

而人的各種習慣迴路，也很像各種鄉間小路，都是一次次經由行為拓印出來的足跡。

關於習慣如何形成，常被人引用的是查爾斯・杜希格（Charles Duhigg）所寫的習慣養成三階段：提示、慣性行為、獎酬。當你做一件事獲得獎勵，大腦就有動力希望你再做一次，久了之後看到某個提示你就會自動想做那件事。這些慣性行為就如同內建在我們大腦裡的清單，大腦看到一個提示就會從某個檔案櫃裡抽出那張習慣清單，不等你意識到就開始執行上面的步驟。而且因為已經「走」過很多次了，所以你會不假思索地去做。

無奈的是，大腦不會區分獎勵的好壞，只要能夠滿足生存的條件，或是使人獲得愉悅的心情，它就會覺得我們需要那張習慣清單。

在這些清單裡，有些已經被執行數千萬次，形成了現今人類的本能，如此大腦就可以節省能量去做很多事。好比遇見危險要避開，肚子餓了要覓食，看見食物會吞嚥唾液，看見汽車衝撞過來會恐懼，會想要不斷攝取糖分，會想要跟人比較競爭。在人一生有限的壽命裡，要重寫這些「本能清單」幾乎不可能，人的行為沒有那麼容易就脫離演化的足跡。

有機會改寫的後設習慣

然而，有些習慣清單是近百年才被我們寫出來，甚至進入到網路時代才漸漸產生，它們是一種「後設習慣」（Meta-Habits），為了滿足本能而衍生的行為，為了某個習慣而養成的另一個習慣。比如吃是人的本能，當市場出現可以快速滿足人食慾的食物，人就容易養成吃那些食物的飲食習慣——加工零食就是這樣問世的。

一時要定義因應本能而生的後設習慣不容易，但它早已充斥在你我的生活與生命裡。除了剛剛提到的飲食習慣，其他像運動習慣、拖延習慣、閱讀習慣、工作習慣、花錢習慣等，甚至更抽象的像成功習慣、理財習慣、思維習慣，都是一條條列在大腦裡的清單。此類型的習慣清單在演化中還非常新，你我都有機會改寫，有些也真的需要改寫。成功改寫所要花的時間短則幾週，長則一兩年就能實現，擁有新習慣的你也會因此有全新的改變。

誠然，人的大腦並不擅長處理複雜的事物，很多繁瑣的事情依然需要逐一寫在紙上，作為實際的確認步驟。可是現實中有些「任務」並無法在紙上落實與執行，大腦卻又會在一瞬間指使我們去做。

好比本書後面將提到的一個關鍵習慣：把最重要的事當成最重要的事。這需要你在無意識之間就自動形成，它必須是你看待一件事情的習慣，否則你每次做事都會忽略真正重要的事，把時間花在看似緊急卻不重要的地方，導致做了很多的事，實際上沒有帶來多少效益。

某種層面來說，「要確實執行待辦事項清單」也是一個大腦需要的清單，是一個需要形成的習慣迴路。否則你寫下再多的每日工作事項，或是再詳細的新年新計畫，依然只是一張具有安慰意義的紙而已。

此外，關於工作的態度，思考未來的方法，投資理財的觀念，甚至心智的強度，都可以是一種習慣，是大腦裡的認知迴路，是一張張你無法用紙寫出來的習慣清單。這些清單的內容不複雜，卻足以影響人的一生。

好在，改變並不如想像中難，你不需要「戒除」什麼，而是需要替換新的習慣來幫助你實現想要的生活。而且這些新的習慣，將會為你帶來更多好的習慣跟助益，漸漸在往後的人生中產生習慣紅利。

重點概覽／

- 慣性行為如同大腦裡的習慣清單，大腦一旦收到提示，不會等你意識到就開始執行清單上面的步驟。
- 大腦不會區分獎勵的好壞，只要能夠滿足生存的條件，或是使人獲得愉悅的心情，它就會覺得我們需要那張習慣清單。
- 人無法輕易脫離演化的足跡，要重寫本能清單幾乎不可能。
- 「後設習慣」是為了某個習慣而養成的另一個習慣，跟本能習慣不同，你我都有機會改寫。
- 改變不需要你「戒除」什麼，而是需要替換新的習慣來實現想要的生活。

培養習慣紅利，累積人生複利

求學時，我對「現金紅利」（Cash Dividend）一詞就很有興趣。最初是從書上讀到投資股票將有分紅，固定時間公司會分派現金，那時懵懂的我心想，世上竟然有如此好事，不需做什麼就有收入。

即便後來知道領取現金紅利並非容易的事，不只要投入一大筆資金，而且還要選對績優股，然而紅利的概念依然讓我著迷。隨著我對投資的研究愈來愈深入，也實際體會到領取股息的好處，我逐漸把紅利的概念拓展到人生不同面向，其一就是習慣的養成。

如果把金錢比喻為有形資產，股息為資產的紅利；好習慣就是一種無形資產，而習慣衍生出的好處，即為習慣的紅利。

習慣紅利是我逐年體會出的心得，它不只增進我工作上的發展——協助我寫書、經營個人品牌、股票投資獲利；也提高我生活的滿意度——充足的睡眠、想要的生活品質、快樂的人際關係、富足的金錢習慣。我並非想刻意誇飾，是真心期盼這樣的認知能為你帶來同樣的幫助。

綜觀來說，習慣紅利至少包含三種特性：複利效應、飛輪效應、長尾效應。

習慣的複利效應

要了解複利不難，大意是你每次的獲益都會比前次還多。以金錢複利而言，假如你現在投資一萬元，每次能獲利五％的報酬，下次連同本金就有一萬零五百元，獲利是五百元。再下次則有一萬一千零二十五元，獲利是五百二十五元，比前次的五百元還多。只要維持相同五％的報酬，每次新獲利的錢都會更

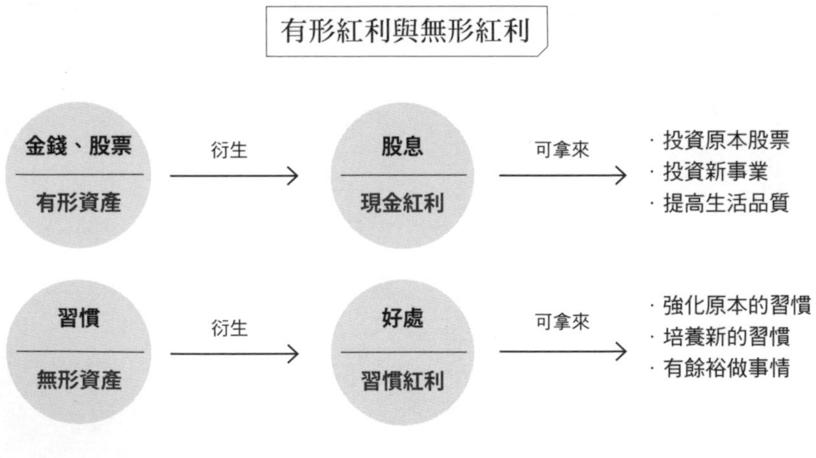

好習慣像股票一樣，衍生出來的紅利可讓人生更進階。

多，累積的本金也愈多。這就是複利的精髓，致富的途徑。

而建立習慣所帶來的好處也有複利，你每次付出一樣的努力，但產生的效果會累積。同樣運動三十分鐘，你的身體機能會逐漸強壯；同樣撰寫一篇文章，寫出來的品質會愈來愈好；同樣專注工作一天，做事效率會變高，反映在收入上也會逐漸增長。

只是無論累積金錢或培養習慣，要產生複利效應都有個關鍵：它會考驗你的耐心，需要克制過程中的誘惑，避免中斷複利讓效益打折。這也是累積金錢複利的困難之處，如果每「次」的間隔是以「年」為單位，很多人就做不到了。

幸好，養成習慣不像累積金錢一樣難，培養習慣的時間很少會到一年以上，通常幾週或幾個月就能開始兌現效益。

何況習慣還具有容錯率高的好處，一旦養成便不易中斷，偶爾沒做不會從此就不做。好比我自己的運動習慣，就算因為身體不適一陣子沒有運動，當身體復原時，之前的運動習慣都能繼續維持。工作也是，一旦養成工作流程的習慣，就算休假一陣子，重新回到工作上也很快就能找回節奏。

藉由同樣的付出而累積更好的成果，養成後也不容易中斷，這些就是習慣帶來的複利效應，是你給自己的習慣紅利。套用前面公司現金紅利的解釋，若把一個人視為一家公司，良好的習慣就是公司良好的制度，穩定的獲益就是持續的紅利。

習慣的飛輪效應

二〇〇一年時，矽谷正逢網際網路泡沫危機，許多科技公司相繼破產倒閉，美國亞馬遜企業也忙著抵擋這波歇業潮的壓力。創辦人貝佐斯（Jeff Bezos）在當時找來一群專家顧問商討對策，為首的是管理學家詹姆．柯林斯（Jim Collins），他當場獻策自己長年的研究成果「飛輪效應」（Flywheel Effect）。

後來貝佐斯不只採納飛輪效應，還一舉作為公司核心發展的商業模式，逐漸成為各家企業效法的標竿。若非那場會議室裡的對話，或許亞馬遜不會是現代企業的傳奇。

柯林斯提出的飛輪效應概念是：**透過步驟化的方式，有系統地反覆執行，達成持續的成果輸出**。彷彿推動巨輪般，起初要花很大的力氣推進，你的努力也看不見進展，但隨著輪子轉動得愈來愈順，輪子自身的動力將帶動自己，最終巨輪就會以飛快的速度轉動。

這效益同樣可以顯現於個人習慣上。當你開始培養習慣時，大腦會不斷抗拒你改變，你也要消耗不少意志力堅持，成效看似難以浮現。直到過一陣子，你做那件事才會愈來愈熟練，到後來不需要意志力也能成功克服阻礙，不費力地進行好習慣。此時飛輪便運轉起來，你也持續產生習慣帶來的紅利。

好比晚睡的人要改成早起，第一天早上被鬧鐘叫醒肯定痛苦萬分，接著還要靠意志力撐過萎靡的一天。第二天早上也好不到哪裡去，但似乎少了一點掙扎。幾天過去後，早起變得愈來愈自然，晚上時間到了也容易入睡，後來不需要鬧鐘就能醒過來。

習慣的飛輪效應還有另一個特點，可以透過微調來優化系統，或是經由好習慣帶動新的習慣，如同在既有的基礎上優化輪子的組件，加快轉速，或轉動更大的輪子。

我自己就有定期微調工作流程的習慣，審視流程中有哪些地方可以更有效益。因為原本的工作流程已經有成效，所以追求的只是再精進一點，所花的心力不用太多就能增進效益，持續享有之前習慣帶來的紅利。

當然，如果你只想維持現有的工作流程也無妨，因為個人跟企業不同，企業有持續營利的壓力，個人只需要達成自我實現就行。這也是習慣產生的紅利之一：你可以因為花更少心力做一件事，而有餘裕去做其他新的事情；或是，單純地好好享受生活。

如果把人生的進展看作是依附在各種習慣下的過程，你所微調的每個環節都能逐步擴展人生。想起來，這真是一件足以令人興奮的事。

習慣的長尾效應

若把複利效應比喻為放大，飛輪效應比喻為累進，長尾效應就是耐受。

我們活在一個無法預測的世界，難保今天適用的工作能力，轉眼明天就變成沒人青睞的能力。凡是進入門檻愈低的技能，它的「半衰期」也愈快到來。世界經濟論壇（WEF）就發布過報告，現今工作中將有接近上億的工作機會在未來會消失，同時新的工作型態也會持續形成。

不過我說這些並非要嚇唬你。縱觀歷史，早在智能科技問世前，舊工作就一直在消失中，只是各個年代消失的速度不同而已。面對工作趨勢的變化，關鍵不該在於擔心工作為何消失，應該在於你能不能在變動的期間，安然度過手上工作逐漸消失的過程，學習新能力找到新機會，建立人生與工作的第二曲線①。

而長尾效應的發展模式，就是現代人在變動環境下應該具有的方法。所謂的長尾效應，就是當下看似影響不大的事情，長期下來會帶來很大的影響。這類事情有個特色：一開始效果雖不明顯，但累積的效果卻很久遠。

好比閱讀能力就是一個具體的例子。倘若看一本書能獲得一個知識點，看兩本書會獲取兩個知識點，讀到十本同類型的書時，將不再只是十個知識點，因為這些的知識點會漸漸銜接起來，不只讓你舉一反三，甚至能提出獨有的新觀點。

然而閱讀本身雖然容易，閱讀量卻是一道門檻，累積閱讀量並沒有捷徑。人的閱讀速度有限，對於從來沒有閱讀習慣的人來說，已經難有動力拿起一本書，就算有在閱讀的人，能讀完手上每本書的人也是少數。

簡言之，礙於視覺吸收的先天限制，人不可能短時間就消化太多本書，加上閱讀的吸引力難以跟網路娛樂抗衡，以及閱讀的效益並非即時回饋，能夠長期累積閱讀量的人勢必更少。從這角度來看，培養閱讀習慣將能帶來知識上的紅利，產生長尾效應，去面對這世界的變遷，逐漸形成我所謂的「知識護城河」，成為自己的能力優勢。

凡是能被時間驗證的事情都很有價值，能夠縮短時間驗證的方法也很有價值。閱讀量就能禁得起時間的考驗，能夠顯示一個人的談吐與解決問題的能力，可以縮短別人認同自己實力的時間。

此外，像存錢、時間管理、定期投資、累積筆記等習慣，都包含長尾效應，也都將在未來帶給你更多的人生紅利。你也因此慢慢地開拓出一道護城河，在河流另一側的你將有充裕的心力準備，養成下一個能力，或是給予自己生活喘息的空間。

效益外溢的習慣紅利

習慣紅利還有一個特點，也是我認為最棒的特點，在於不同習慣行為所產生的紅利，可以讓你在別處花用與套利。

你試著想像，起先你培養下班前回顧工作的習慣，隔天一早隨即進入工作狀態，你就會多出時間可以管理運用。接著你養成時間管理的習慣，下班就有時間運動。有了運動習慣，就有活力維持好的工作習慣。有了好的工作習慣，就能賺取更多收入理財。有了理財習慣，則讓你有資金升級生活與工作資源。有了更充裕的資源，就又多出時間可以管理運用。

從一個領域培養出的習慣，其紅利會漸漸溢出，變成你投入下一個習慣的資源，讓你有餘裕強化另一個領域的習慣，周而復始。即便一開始的進度微小，依舊劍指遠大成果。

我們每一天都要面對許多的問題，處理數以萬計的資訊，人的大腦縱使強大，依然不是機器，無法上了油、充了電，就分秒不差地運作。人需要在每一天跟誘惑鬥智，也需要給自己鬥志，而培養習慣，就是在把這些事變得容易些。

如同諾貝爾文學獎得主威廉・福克納（William Faulkner）所說：「要持續擁有夢想，要設定比你現有能力更高遠的目標，不要只是為了比你的同期或前輩更好而操心，要試著超越你自己②。」

成功的關鍵，在於每天進步一點；習慣的好處，在於累積的紅利。這些紅利能讓你在未來兌現更多的資源，你將超越自己，你能做想要的自己。

重點概覽／

◆ 好習慣是一種無形資產，而習慣衍生出的好處，即為紅利。

◆ 習慣紅利具有三種特性：複利效應、飛輪效應、長尾效應。複利效應好比放大，每次付出的努力雖然相同，但成效會一次比一次多；飛輪效應好比累進，有系統地反覆執行，達成持續的成果輸出；長尾效應好比耐受，當下做的事情看似影響不大，長期則是禁得起時間考驗的優勢能力。

◆ 習慣紅利會漸漸溢出到其他領域，變成培養其他好習慣的資源，用來強化另一個領域的習慣。

改變習慣四步驟：有效杜絕壞習慣，輕鬆養成好習慣

我對研究習慣產生興趣，是從接觸到寫作開始。

那是距今十年以上的事，當時我挖掘到一本跟習慣有關的英文書，閱讀後深受啟發，卯起勁來寫了將近一萬字的心得放到部落格上，發表後收到許多讀者的共鳴。這本書後來出了中文版《為什麼我們這樣生活，那樣工作？》，我因為這篇文章受邀到廣播節目分享心得，有了人生初次錄廣播的經驗。

時序來到二〇一八年，我定期追蹤的一位國外部落客出版新書，我知道他善於用簡約的文字表達想法，隨即在亞馬遜書店購書，閱讀後更覺得內容對中文讀者有幫助，隨即在一次聚會時跟出版社推薦此書。後來中文版《原子習慣》就此問世，我也有幸為這本暢銷書撰寫中文推薦序。

不只如此，就連我在網路上首支破百萬觀看次數的影片，主題也跟習慣有關。如今，我則是開始撰寫一本跟習慣有關的書，這是我當初完全沒料到的事。

追本溯源，一切跟我的閱讀與寫作習慣有很大關係，至今我也把寫作視為最值得培養的能力，它所帶來的紅利更是超乎我預期。回想當初在動筆寫第一篇文章前，我從沒想過將會因此踏上寫作生涯，人生也因此蛻變。

讓壞習慣自然淡出，讓好習慣自然養成

要說習慣改變我，是千真萬確，我也相信培養工作與生活上正確的習慣，可以改變此刻正在閱讀的你。但問題來了，要如何才能擁有好習慣？又該如何避免壞習慣？

哲學家威爾·杜蘭（Will Durant）寫過一句話：「我們是自己重複行為下的產物。因此，卓越不是一種作為，而是一種習慣[3]。」所以，只要改變重複的行為，就等於改變自己的習慣，進而改變人生。

是嗎？

只能說對一半。因為改變重複行為確實會改變人生，但若想改變習慣，卻不該從改變行

為開始，尤其是我們一直重複做的行為。因為重複的行為通常是自動化的行為，除非我們能事先察覺，而且明確地知道不應該去做，否則人一旦「被」啟動那個習慣，經常要等做完才會停下來。

要改變習慣，應該要先從防堵壞習慣開始，透過第一步「隔絕」來避免舊有的重複行為；第二步則是「引導」，在無形中養成好習慣；接著第三步「持續」，強化維持好習慣的動力；最後透過第四步「追蹤」，逐步養成長期習慣，衍生出習慣紅利。

這四個步驟——隔絕、引導、持續、追蹤，是從防堵壞習慣到培養好習慣的完整路徑，可以套用在任何你想培養的習慣上面。特別的是，這些步驟不需要你破釜沉舟地自律節制，或是發下豪語地重塑習慣，而是讓壞習慣漸漸淡出生活裡，讓好習慣自然成為你人生的一部分；一切的起點，就從擺脫阻礙你改變的事物開始。

重點概覽／

STEP 1 隔絕——擺脫阻礙改變的事物

STEP 2 引導——通往正向習慣的道路

STEP 3 持續——強化維持習慣的動力

STEP 4 追蹤——養成長期有利的習慣

改變習慣四步驟1

隔絕：擺脫阻礙改變的事物

破窗理論（Broken Windows Theory）經常被用來比喻人為什麼會養成壞習慣，大意是當你忽略第一個壞習慣，即便只是微小的壞習慣，也會引發更多不好的習慣。猶如一扇破窗會誘發其他窗戶也被人破壞，造成更嚴重的治安問題。

然而，最初的破窗理論中有個細微之處少有人提及：房子確實是因為有破窗而引發治安問題，但真正重要的是，如何讓房子「沒有」破窗來防堵治安問題。這個細節其實很關鍵，建議你可以先記起來，稍後再回來體會之中的差別。

慎防誘發壞習慣的「破窗」提示

要解釋緣由，要先回到破窗理論的源頭——兩輛停在路邊的車子。

一九六九年，心理學家菲利普．津巴多（Philip Zimbardo）在街頭做了一次實驗，他好奇路上的人會如何看待路邊被遺棄的汽車。他挑選兩個治安截然不同的區域各停放一輛車，一個區域治安比較好，另一區則經常被人通報有人鬧事或遭小偷。實驗中，研究人員會拆掉該車的車牌，打開車頭的引擎蓋，接著在一旁等待好戲登場。

結果兩個區域的汽車，下場完全不同。一輛車真的被視作廢棄車遭到解體，另一輛車原封不動地停在路邊。

那輛停在高犯罪率地區的車子，不過十分鐘便遭人敲打跟破壞，不到一天車上有價值的物品幾乎被拆光，剩餘車體則成了免費的打擊練習場，不時被路人敲砸。至於另一輛停在治安較好地區的汽車，似乎沒多少人注意到車牌不見的問題，有注意到的人也不當一回事，車子停了一個星期依然完好如初，是直到實驗人員刻意前去擊破車窗，讓車子看起來更像是廢棄車後，才開始有路人敲打破壞車體。

津巴多發表這場實驗十多年後，兩位犯罪學家凱林（George L. Kelling）與威爾遜（James Q. Wilson）進一步歸納實驗結果，接著在《大西洋》雜誌上發表了〈破窗〉[4]文章，成了後來被人引用的破窗理論源頭。兩位學者在那篇文章中的結論是：社區房子若有破窗，會讓人以為該區無人看管，所以要效法預防醫學的概念，不論警察或居民，都有責任確保社區裡沒有破窗。

換句話說，問題不只在於破窗，更在於看見破窗會讓人鬆懈；**破窗確實會誘發問題，但如何確保沒有破窗才是重點**。

如同那場遺棄車輛的實驗，只要不是停在原本治安糟糕的地方也不會引發問題；除非車窗被研究人員刻意打破，否則問題不至於蔓延開來。

說到底，在治安沒有敗壞的情況下，實驗車輛從遺棄到被破壞的順序是：汽車沒車牌↓沒什麼人理會↓汽車被打破窗戶↓誘發路人認為車子遭遺棄↓汽車遭到破壞↓汽車遭到偷竊與解體。也就是說，光拿掉車牌不至於誘發犯罪，誘發犯罪的是勾起人想犯罪的提示。

從這角度來看，人的行為跟習慣之間的關係也是。光是改變行為不足以改變習慣，因為當你看到壞習慣的提示時，還是很可能被誘發想去做的行為。結果是，你想改變行為，卻一再做重複的行為。

所以，單單強化要培養好習慣的念頭並不夠，因為改變習慣的第一步應該是隔絕壞習慣的提示。只要人沒看見誘發壞習慣的「破窗」提示，觸發壞習慣的可能性就會大幅降低。

隔絕比節制的成效還好

我自己就有幾個成功的例子。第一個是戒糖。我從小喜歡吃甜食，說我是甜食控我不會否認。雖然我知道應該要戒掉，但就是無法克制想吃的念頭，即便知道吃完後會後悔，但看到甜食還是很難忍住。我會先說服自己嘗一口就好，接著變成一口一口地嘗；人的自動化行為實在太難改變。

可是自從運用隔絕提示的方法後，當我想要戒糖時還是能成功。方法是每隔一陣子讓家中的甜食消失在可見的範圍裡，極端一點就是根本不買甜食，或是增加拿甜食的難度。奇妙的是，當我周圍的甜食消失時，對於想吃甜食的欲望會跟著大幅減少，甚至有時會忘了自己沒吃甜食。

第二個成功的例子，是防止手機上癮。這真的不容易，卻也很值得。

現代人的生活中有很多所謂的時間黑洞⑤，你一陷進去時間感覺很快就沒了，手機就是一個超大的時間黑洞，你可以在上面工作，也可以看影集、玩手遊等娛樂。

過往有一段時間我習慣把手機當作起床鬧鐘，睡覺時會把手機放在床鋪旁，結果導致作息亂掉，睡前玩手機玩到放不下來，早上則是玩到不肯起來。有一天覺得實在不行了，我就實驗不把手機帶進寢室裡，作息問題立即調整回來，好幾晚都收穫一夜好眠。

從許多研究中也可觀察到隔絕的效用。比如菸癮者對於吸菸的渴望，普遍認為會隨著沒吸到菸的時間不斷上升，但有學者分析，如果把吸菸的可能性從環境中阻斷掉，吸菸的念頭就會趨於平緩，直到能吸菸的機會再次出現為止。

學者分析的對象是一群有吸菸習慣的空服員，研究表明無論飛行時間是長或短，空服員的吸菸欲望都是在登機後大幅降低（因為禁菸），在飛行途中呈現平緩起伏，在飛機落地後躍升為最高值。研究結論是，吸菸欲望跟多久沒吸到菸的間隔時間關聯較小，主要還是跟能否吸菸的期待感有關[6]。在知道絕對無法吸菸時，人對於吸菸的渴望會大幅降低。

換言之，**隔絕做一件事的可能性，要比節制不去做來得有成效，而且更容易成功**。當你隔絕做一件事的提示時，大腦就會打消去做的念頭，一旦提示再度出現後，想做的念頭便會死灰復燃。

加裝壞習慣的防盜鎖

所以，改變習慣的第一步，是讓阻礙你改變的「提示」，消失在你能接觸到的範圍裡。

這會因時因地還有因人而異，但皆是同一個原則——要改變習慣，你要先隔絕舊有壞習慣的提示。如果你想親身體驗隔絕的成效，現在就可以把桌上的手機翻過來螢幕朝下，或是工作時把手機收到視線無法觸及的地方，感受自己的注意力是如何變化。

我想你應該也有過，從客廳走到房間突然忘了自己要做什麼，或是因為關注某個事情而忽略另一件事，這都是大腦分配注意力的機制。人的腦神經每天就像車水馬龍的街道，訊息跟思緒會不斷湧入、穿越、流出，所以大腦很依賴提示來做事情，否則每一件事都會淹沒在龐大的訊息流裡。相對來說，如果你把一個提示從周圍隔絕掉，原本會引發的後續行為也會消失在你繁忙的思緒中。

隔絕的道理其實跟防盜的策略也類似。對竊犯而言，偷車所需要花的時間是最大的風險，犯案過程耗的時間愈久，被抓到的機率就愈高。相對來說，如果一輛汽車安裝的鎖愈多、愈複雜，車子被偷竊的可能性就愈低。而隔絕壞習慣的提示，就是為自己加裝壞習慣的防盜鎖，防止自己被啟動壞習慣，防止大腦裡的壞習慣清單被提取出來。

如同那篇〈破窗〉文章裡面學者真正想強調的，巡邏的員警與社區居民都有責任防止破窗出現。對應到你我個人習慣上，我們都應該是自己把關壞習慣的人，要盡可能隔絕壞習慣的提示出現在周圍。

關於隔絕的觀念，我在書中後面會不時提起，到時不妨再來回想兩位犯罪學家撰寫破窗理論的真正意思。

重點概覽／

- 改變習慣的第一步，是隔絕誘發壞習慣的提示，如此觸發壞習慣的可能性就會降低。
- 即便只是微小的壞習慣，當你忽略後也會引發更多不好的習慣。
- 光是改變行為不足以改變習慣，因為當你看到壞習慣的提示時，大腦還是會被誘發原本的行為。
- 隔絕壞習慣的提示，如同加裝杜絕壞習慣的防盜鎖，防止大腦裡的壞習慣清單被提取出來。

改變習慣四步驟2

引導：通往正向習慣的道路

向來以博學聞名的班傑明・富蘭克林（Benjamin Franklin），生涯中既為科學家又為政治家，是作家也是發明家；以現今角度來看，他肯定是斜槓人物的代表。據說他相當自律，擁有許多值得效法的工作習慣，如此才能成為高效產出的人。他曾在一七四五年出版的《年鑑》[7]中寫道：「防止壞習慣比打破壞習慣來得更容易。」這句話也顯示隔絕確實是改變習慣的關鍵。

富蘭克林有多自律？不妨從他被人保留下來的日程規劃表中窺探。上頭寫著他每晚十點要就寢，清晨五點會起床盥洗，八點前要規劃好一天的待辦事項。接著他會開始工作、閱讀，晚間進行社交與休閒活動，睡前回顧當天做的事，如此日復一日。

然而在他那張日程規劃表中有一處更值得你注意，上面寫著他每天早上都要問自己一個問題：「我今天該做什麼才好？」

這句話威力之強大，是個提示，也是引導，更是聚焦。

建立明確提示來引導自己

當你知道該做什麼的時候，你的能力才有價值。

史丹佛大學學者福格（B. J. Fogg）是研究行為的專家，學院裡有個行為設計實驗室就是他創辦的。他指出，人的習慣會受到動機、能力、提示三件事的影響。當你很想做一件事，代表你的動機足夠；當你有本事挑戰做那件事，代表你具備能力。最後，你必須接收到提示，知道要去做那件事。反之，如果一個人沒能做成一件事，通常是因為不想做、不會做，或是不知道要做。

由此可知，相較於動機跟能力，提示很容易就左右人的行為。因為即便你再有動力跟能力，卻不知道要做那件事，成果還是零。當然，動機跟能力不可或缺，你做一件事的動機愈強，或是對你來說完成那件事的難度愈低，做成事情的機率就愈大。但唯獨提示，不是有就是沒有。

舉現代人幾乎都有的一個習慣：手機充電。忘了幫手機充電的後果你一定能體會，就算手機續航力再久，手機功能再強，沒電的手機就只是一塊廢鐵。這也是為何當手機電力低的提示跳出來時，多數人都會趕緊想要找地方充電。

因此，養成好習慣的第二步驟，是建立明確的提示來引導自己。提示的類型有很多種，可以是一個物品，一個時間點，或是一連串的行為，也有人稱其為「儀式」；我就以這幾個類別來說明。

物品的提示

比如我自己有運動的習慣，但不是每次時間到了都想運動，如果遇到沒動力的時候，我就會刻意把運動鞋放在明顯看得見的地方，再搭配平時固定下午四點左右運動，長期下來就能維持住運動的習慣。「運動鞋」跟「下午四點」就是我給自己的運動提示。

又或者像比爾．蓋茲的《蓋茲之道：疑難解法》紀錄片中，也可以看到他給自己的提示。每當他要聚精會神時，無論是工作或閱讀，都會先喝一罐可樂，接著進入專注的狀態。姑且不論喝過多含糖飲料的問題，可樂對比爾．蓋茲而言也是一種提示。

時間點的提示

時間點是一個非常好用的提示，因為習慣需要長期且定期的養成，而時間的「存在」就是長期且固定，作為培養好習慣的提示非常適合，只要在固定的時段做同一件事，該時段就會變成「提示」，驅動人去做那件事。

前面提到我會定期在下午四點左右運動，長期下來就是一個運動的時間點提示。此外像我有吃保健品的習慣，我都會挑在固定的時間吃，只要時間一到就會知道該吃保健品了。長期下來，就算偶爾錯過時間也會馬上回想到趕緊吃。

此外像下班後如果要在家進修，也可以安排在固定的時間點坐在書桌前研讀。我自己也有晚上八點左右會到家中工作室寫作的習慣，雖然不是每天都如此，但如果是在寫書期時，這個習慣就會順利地幫我達成寫作進度。

儀式感的提示

當一連串的行為可以啟動另一件事的開始，這一連串的行為就可以看成某種儀式，也可以作為培養某一個習慣的提示。

比如我早晨會有一個工作前的儀式，我在起床後會依序做以下這些事：播放音樂、盥洗，喝幾杯水、準備簡便的早餐，運動伸展，閱讀電子書。接著會來到工作桌前，打開筆電、戴起耳機，看幾篇網路文章，做筆記或寫幾個字清空腦中的想法，然後接續我昨天的工作，或是確認我的工作待辦事項清單。這套流程是我花了幾年時間固定下來，是我引導自己進入工作狀態最有效益的流程儀式。

除了上述三種提示，其他的提示諸如便條紙、手機提醒事項、一張勵志的海報、一處環境的擺設、一首音樂、一個場景等，這些都有可能形成學者所謂的「心像[8]」（Mental Imagery），引導你進入一個氛圍，作為提醒你做一件事的開端。

無論是物品或儀式，這些提示都有一個共同點：它們具有引導的功能，會勾起人去做一件事的念頭，引導你產生某個行為。不過如果你想讓提示發揮更大的效果，這個提示最好還能幫助你聚焦。

認知心理學家大衛·史垂爾（David Strayer）解釋，人在關注事物時，彷彿大腦裡有一道聚光燈，會時而探索周圍，時而聚焦眼前。當思緒處於自動駕駛模式時，大腦會處於放鬆漫遊的狀態；當你有目標時，思緒則會聚集在那件事上。

思緒漫遊有思緒漫遊的好處，人在此狀態下，更容易擁有創造力。不過，人的思緒可不能一整天都處在漫遊的狀態中，否則該做的事無法落實，創意也只是妄想而已。

這也是我習慣以待辦事項清單，作為一天工作開始的原因，它會引導我去做當天要完成的事情，也協助我從思緒漫遊中聚焦回工作上。對我來說，每天的待辦事項清單，就是富蘭克林日程規劃表中的那個問題：「今天該做什麼才好？」

所以，當你也知道富蘭克林每天都會問自己那句話時，你應該感到驚訝。一個距今兩百多年前的人，會曉得後人做了許多研究才得出的結論。而且看似簡單的一個問題——我今天該做什麼才好？——就包含了行為科學的關鍵，在提示自己的同時，引導自己聚焦在對的事情上。

關於富蘭克林的成就還有一項值得你也知曉，他在兩百多年前的環境下，就已經活到了八十四歲，比現今人類平均壽命還長，讓他得以完成更多的事蹟，在臨終前兩年參與了美國憲法的制定，成為歷史著名的開國元勛。

富蘭克林或許天生擁有較長壽的基因，但據說他年輕時就有游泳的習慣，而且晚年還持續舉重健身⑨。從他那張被流傳的日程表，以及二十歲就總結出「美德十三條」來推敲，我認為他的生活習慣應該也幫上不少。

關於活得久帶來的優勢，稍後我還會提到不同的例子。到時你會知道，為何良好的健康習慣跟一個人所取得的成就大小脫不了關係。

重點概覽／

- 改變習慣的第二步，是建立明確的提示來引導自己。
- 人的習慣會受到動機、能力、提示三件事的影響。相較於動機跟能力，提示很容易就左右人的行為。
- 提示有不同的類型，如物品的提示，時間點的提示，儀式感的提示。
- 在提示自己的同時，還要引導聚焦在對的事情上。比如「待辦事項清單」就能引導人專心去做當天優先要完成的事情。

改變習慣四步驟3

持續：強化維持習慣的動力

通常一個人的動機只要夠強，不需等人催促就會開始行動。然而，多數時候人的動機都不強。

雖然在看見提示的信號後，人的大腦就會想去做那件事，觸發習慣行為，可是在缺少動機的情況下，有時還是會覺得起身行動不容易。何況人對一件事的動機經常起起伏伏，明明昨天還鬥志滿滿，今天就提不起勁，或是早上跟下午的狀態有落差，某天動力甚至莫名地消失。

此外，生活中也不可能隨時都處於最好的狀態，時時刻刻蓄滿動機，人總有陷入情緒低落的時候。此時就算你看見強烈的引導提示，都可能沒有動力去執行，甚至中斷已經培養多天的習慣。此時該怎麼辦？要如何在動機減弱時重新振作起來，繼續擁有行動力？

這問題，我們可以從「新年新計畫」開始談起。

持續行動關鍵一：在問題出現前，先解決它

你有在跨年期間寫過計畫嗎？如果你也有，等於已經運用到學者所謂的「新起點效應」（The Fresh Start Effect），意思是若想提升實踐目標的執行力，可以選擇別有意義的時間點開始。比如每月的一號，每年的跨年，或是你的生日、結婚紀念日等。

然而，我真正想問的是：你最後是否有實現那些新年目標？畢竟「新年新計畫」是名列失敗率高的計畫之一。根據赫特福德大學心理學教授李察．韋斯曼（Richard Wiseman）追蹤超過三千人的調查顯示[10]，只有約五成的人最初有信心達成新目標，而且最後有實現的人才一成左右。其他研究也顯示[11]，未能堅持新年計畫的受訪者約四到五成，年底能實現的人則更少。而且我必須強調，這些還是在有設定目標的情況下，沒有設定目標的人付出行動的比例會更少。

早期我在寫下新年計畫後也有同樣感受。的確，在寫計畫的時候心情會特別亢奮，但寫完之後好像就沒有後續，直到隔年又重新來過。後來我從文獻上讀到，這種現象被心理學家

稱作「錯誤願望症候群」（False-Hope Syndrome），意思是如果只關注於設定目標，人往往會設定不易實現的目標。我自己把這類型的目標稱為「口號型目標」，原則上更像是喊喊口號，用來提振士氣，或是營造某種成功假象。

經過幾次的失敗經驗後，我慢慢摸索更多執行目標的方法。也才明瞭，表面上最後沒有實現目標的原因是動機不夠，沒有鬥志，太忙沒有時間，但如果從心理學的角度來說，會發現是缺少一個行動的關鍵，才造成雖然有寫下目標跟計畫，後面的執行力卻沒有跟上來。

這個缺少的行動關鍵是，你沒有練習阻礙自己。

潑自己冷水，想像自己不會成功

人的大腦具有強大的想像力，如果腦海中的畫面足夠真實，還會令自己彷彿身臨其境。然而，正是因為大腦這項能力，人也可能在設定目標後喪失行動力。一份心理學期刊的研究就表示，相較於抱著正向期待但知道求職過程不容易的人，想像求職結果會很美好的人，實際上失敗的機率更高⑫。一個原因是，因為你的大腦以為已經達成了。

換言之，大腦的想像力豐富到失去執行的動力，它對這個目標已經失去興趣，希望你趕緊去「想像」下一個目標。

設定目標固然重要，而且有設定目標的人確實比沒有設定的人達到更好的成果。重點在於，你要從新的視角看待目標，並且在寫下目標之後，施展一點小技巧。

這個技巧是：潑自己冷水，想像自己不會成功。

企業管理中有一個享譽幾十年的目標實踐法，受到不少高階主管跟教練推崇，這方法叫 GROW 模組（GROW model），此方法是把執行目標分為四個步驟：設定目標、評估現況、分析阻礙與探索選項，還有將評估化作行動。其中步驟三就是分析會遇到什麼阻礙，在開始行動前讓自己冷靜一下。

以我自己來說，當我規劃下一本書的主題時，首先我會期待要寫的內容，以及出版後能把書交到讀者手上的感動，甚至還會幻想這本書的銷售量會是多少，這段設定目標的過程會讓我產生期待感跟快樂。

GROW 模組

G（Goal）	設定目標。
R（Reality）	評估現況。
O（Obstacle/Option）	分析阻礙，或探索選項。
W（Way forward）	將評估化作行動。

但隨後幾天我會開始想，整本書要寫多長的內容？打算多久之後要出版？如果中間被其他事耽擱而寫不完怎麼辦？我寫書的習慣是希望一口氣完成，一旦開始就想投入所有的工作時間完成著作，所以會擔心中間寫作的節奏被打斷，之後要花時間重新銜接更困難。這階段我透過評估現況，跟分析可能遇到的阻礙，會讓我謹慎看待接下來要做的事。

當這股擔憂產生後，我就會開始著手計畫寫作流程，先安排接下來幾個月可以寫作的時間，中間會有哪些日期可能無法寫作，甚至何時要停筆散心，何時要全力衝刺都會事先評估。當計畫表出來之後，我就會接著開始寫第一篇文章，寫書的動力就這樣一步步上軌道。

個人投資理財也類似，我會先設定自己的存錢目標，開心地想像自己累積到那筆錢後可以做的事。接著就會開始嚇唬自己，萬一生活中遇到大筆意外支出該怎麼辦？若是將來需要的資金比預期還多呢？一樣，我會開始著手計畫接下來幾年的現金流，預估會有的收入與支出，思考財務目標的達成機率。

大腦冷靜後，行動力更強

簡單來說，當你設定目標並且想像達成的願景時，你還要讓大腦冷靜一下，先提醒它可能會遇到困難，評估可以採取的選項，甚至衡量失敗後最壞的情況。這也是有趣的地方，你既要自己成功，也要自己失敗，但最終還是盼望自己成功。這種潑自己冷水的方式，也是藉由人的心態傾向於規避損失，因為害怕自己有所損失，所以提醒自己要趕緊行動。

說來，這道理許多人早有體會，因為父母就是這樣看待我們的。

我記得自己還小時，經常想從父母身邊溜走去別處「探險」，父母總不忘叮嚀我要多小心，告知外面的世界有多危險，目的是為了我的人身安全。

成人之後，當我跟母親說打算做什麼事情時，她也是特別提醒我別太衝動，要再三考慮。即便我後來已經在職場中獨當一面，想要轉換跑道時，母親依然會告誡我「這樣好嗎？」、「目前的工作不是很穩定嗎？」、「我還是比較喜歡你上班啦……」在轉職初期，也不時流露擔憂的心情，深怕我過苦日子。

不過，天下父母心，當我最後順利跨入不同的職涯時，她又是最替我開心的人，視我為驕傲。

雖然表面看來母親是在阻撓我，有時甚至感覺是要潑我冷水，可是當我年歲再大點後，漸漸明瞭這是每個父母自然會需要的安全感。而在這些提醒的背後，他們真正想告訴小孩的是：這條路不好走，你自己要好好想清楚。

同樣，當你設定好目標，給予自己願景時，你也要提醒自己那條路並不好走。不是為了阻撓自己，是為了給自己心裡一個對照，不至於太樂觀期待，也不至於太悲觀看待，認知到這是一個什麼都會發生的世界，想清楚再好好走。

有一點要留意的是，根據研究，你要先往好的方向想才回頭打擊自己，這順序不可對調，否則會讓自己過度聚焦在困難而遲疑不決。這也是正向思維存在的必要，我們都要成為最支持自己的那個人，因為人一切行動的出發點都來自於內心，我們要懂得給自己希望，多給自己鼓勵。

持續行動關鍵二：不要把「達成目標」視為目標

早期我在執行目標時碰到一個問題：每當目標快要實現時，我也失去大半動力。這困擾不時糾纏著我，每次好不容易完成目標或專案後，都要花些力氣才能把自己從「廢」的狀態拖出來，之後才漸漸找回做事的動力，直到下次完成目標又再經歷一次。

而且假若目標是那種具有挑戰性的還好，做起來比較有成就感，偏偏日常大部分工作都是已經熟悉的事，有相當把握可以完成，但沒去做就不會達成。

撇開工作不說，類似情況不少人也有遇過。好比計畫出遊，事前準備期間總是特別興奮，想著應該要去什麼地方，不能錯過哪間名店的美食，可是到了出發那一刻，興奮感卻變淡了。或者，因為你期待將來加薪與升遷的那一刻，所以每天努力地工作，工作動力時常飽滿，卻在真正獲得升遷時不如想像中開心。

其實，有這種體驗的人都不孤單。這問題早在十五世紀時莎士比亞就遇到過了。他曾在作品中寫過一句話：「成功之時，一切已結束；努力的過程最幸福[13]。」

如果從研究的角度來說，的確也有學者經過實驗發現，當動物預料某一種行為能獲得獎勵時，動物不需要真的去做也會興奮起來，在行動之前大腦就會先有反應來刺激牠，反倒是在做的時候動機逐漸變少。

心理學領域則把這稱為「進展原則」（The Progress Principle），是由心理學家強納森·海德（Jonathan Haidt）提出。他說，人在追求目標的過程中體會到的快樂，會超過達成目標後體會到的快感。當你朝著目標前進時，每達成一些進度，大腦就會釋放一些多巴胺當作獎勵，讓你沉浸在成就感和幸福感之中。只是當你實現最終目標時，或許會開心個幾小時，但隔天起來可能就沒感覺。

這就像你完成一趟偉大的旅行，到了終點終於可以卸下沉重的背包行李，而這段旅行帶來的體驗與滿足感，大部分是來自旅行中遇見新奇事物的過程。我在寫書時候獲得的愉悅感也是，在寫稿期間的快樂會比交稿那一刻來得強烈；其他的工作也是，看見事情有進展，比完成事情來得快樂。你不妨也稍加留意自己的狀況。

專注在過程的每一步，而非結果

自從了解人對於目標會有這樣的反應後，我著手翻閱更多的文獻，也逐漸體會出一個道理：**目標不是用來達成的，而是為了給自己一個方向**。我們不該把目標看作是終點，應該看成是一個中繼點，作為自己邁向成就的路引。它就好像你去山上健行，你在出發前不會知道山上的景色，可是你每走一段路，看到的景色都會改變，你也愈來愈能想像山頂的畫面。換句話說，我們不用擔心目標能否實現，而是讓目標指引自己，在執行的過程中，自然會摸索出更多的方法。

因此，要提高行動力的第二個關鍵是：專注在過程的每一步，而非結果。

比如我在健身重訓時，關注的不是能夠舉多重的啞鈴，肌肉要練到多發達，而是每次訓練要舉多少下，接下來能舉多重，每次的練習時間要多久。

寫作也是，如果目標是完成一本數萬字的書，我只需要專注於每天寫幾個字，時間到了就會達成一本書的字數。閱讀方面，我會專注於每天讀多少頁數，或一天要閱讀多少時間，而不是想著何時要把整本書讀完。存錢方面，如果目標是存到一百萬，我會視為要存到一百個一萬元。投資方面，如果要準備的是千萬元的退休資產，我會專注於每次定期要投入多少資金。

這就是重視過程的好處，你既朝著遠方的目標，也專注於眼前的腳步；你既關注未來，也專注當下；你既實現前方的願景，也踐行穩健的步伐。

專注在過程還有一個好處：目標更易於拆解，可以用系統化的方式做事情，拆解後的目標也降低行動的難度，更容易培養成習慣。

當然，你的目標還是要切合實際，你與目標之間的「距離」不能太遠，否則過程走起來太漫長。何況當目標難度超出自己能力太多時，你會進入能力的恐慌區，一開始就不會有出發的動力。

設定目標以及拆解目標也是很值得培養的習慣，這些我會在後面的篇幅中更深入地說明。

重點概覽／

- ◆改變習慣的第三步，是強化自己的行動力維持現有的習慣。
- ◆持續行動有兩個關鍵：一、在問題出現前，先解決它。二、專注在過程的每一步，而非結果。
- ◆想像自己不會成功是運用人有規避損失的本能，藉此提醒自己要趕緊行動。但記得要先往好的方向想才回頭打擊自己。
- ◆重視過程的好處是，能專注眼前的腳步同時朝遠方的目標前進，既實現前方的願景，也踐行穩健的步伐。

改變習慣四步驟4

追蹤：養成長期有利的習慣

談到習慣養成，許多書籍都會提到獎勵的重要性。確實，因為做一件事若沒有用處，大腦不會有動力要你去做那件事，也形成不了習慣。獎勵可說是訓練大腦養成習慣的關鍵角色。

據說這也是人類演化過程中，像多巴胺、腦內啡這類俗稱「快樂激素[14]」的由來。或許大腦經過長年演化，終於知道人類是被動的生物，如果每次都要指揮我們去做某一件事，實在太麻煩了，乾脆只要做對自己有利的事就讓人開心一次，逐漸演化成遇到有利於生存的事情，大腦就分泌快樂激素作為獎勵。

然而大腦想省麻煩，卻也留給現代人另一個麻煩，因為不是所謂的「獎勵」都是對我們長遠有益。人類大腦原本就擅長關注短期事件，是在演化後期才發展出理性思考的前額葉區域，其他多數區域都是重視短期結果，在沒有刻意控制的情況下，大腦不會管你現在做的事情會讓你快樂多久，只會在乎能不能生存下去。結果導致，在遠古時代對人類有益的事情，如今過量了會長期危害到自己。

其中之一，就是讓人又愛又恨的糖分。

不是所有獎勵都對長遠有益

本書並非講述食品健康的書籍，但人類攝取糖分的需求與利弊，確實是一個很好理解的獎酬系統。

要了解近代人攝取超額糖分的影響，不需回到遠古時代才能對照，二十世紀中的荷蘭就有實際例子。當時發生一個令學者納悶的情況：有一大群人罹患糖尿病的比例異常地高[15]。學者隨即調查患者的飲食習慣，卻發現還是摸不著頭緒，這些人的日常飲食跟一般人沒兩樣。若再往前調查家族史，也沒有特別徵兆指出他們是罹患糖尿病的高風險群。

當一件事偏離常軌，裡面就有值得追溯的故事。

經過多年調查後發現，問題確實跟這群人的飲食有關，但不是因為他們吃得不正常，而是太正常了，讓他們身體中某個基因反應過度，導致對常人是均衡的飲食，對他們來說卻是營養過剩。學者再繼續追查，發現這群人之所以會有這些異常體質，源頭竟來自二戰時期的遺害。

這是名列史冊上的戰爭悲劇：荷蘭大饑荒。

一九四四年，德軍對荷蘭進行懲罰性封鎖，是二戰時唯一遭到全境斷糧的國家，全國頓時面臨大饑荒。這段時期荷蘭人民對食物極度渴求，在斷糧的壓力與求生的意志下，使得在饑荒時期誕生的小孩，身體會更有效地轉換食物的營養，這些機能也就順勢遺傳下來。即便戰後再過幾十年，這些人的後代已經沒有食物匱乏的問題，吃進正常的食物分量依然有糖尿病、代謝異常的風險。

你看，不是所有大腦原本認為的獎勵，都是對人好的。如果攝取的營養超過身體的需求，罹患疾病的問題也會升高。這也是現代人面臨的難題，過多的精緻食物讓身體吸收更快，卻也讓疾病更早到來。原先糖分、鹽分這種在遠古時代稀缺的食物，是大腦認為的獎勵，卻成了威脅現代人健康的原因之一。

更麻煩的是，類似糖分但並非食物的獎勵在現今愈來愈多，比如購物、上網，還有玩手機等。做這些事大腦雖然也會分泌快樂激素，但卻是屬於負向的獎勵，會讓人愈來愈渴求，一旦覺得不夠就會令人沮喪或情緒暴躁。這也是負向獎勵的特徵，它無法真正地滿足你，只會要你不斷索取，最後甚至出現上癮的現象。

學會區分正向獎勵與負向獎勵

所以，要養成對自己長遠有利的習慣，我們必須區分什麼是對自己有利的獎勵。你不妨先記住一句話：**負向獎勵使人飢渴，正向獎勵使人滿足；負向獎勵隨處可得，正向獎勵需要追蹤。**

其實，正向獎勵你我身邊都有，只是……它們沒那麼吸引人。以下行為都是對自己有利的獎勵：運動、創作、專注做一件事、沉浸於一段時光裡、飽覽一本書、耐心實現計畫等，這些事會在進行過程中與完成後，莫名地讓人感到充實。它們之間有一個共同點：能帶來成就感。

在心理學家還沒揭露前，人們視成就感為可遇不可求的事，甚至只專屬於事業成功，職場得意的人。然而，隨著愈來愈多研究發現，成就感可以在有條件下產生，而且任何人都可以擁有。心理學家進一步發現，成就感是人類體會到幸福的來源之一，而且不會有上癮的問題；若有，也是愈來愈幸福。

你不妨先觀察自己在做哪些事情時「沒有」成就感。看完好幾個小時的影劇或電視，你心中是覺得充實還是空虛？漫無目的地刷完社群動態，你是更有活力還是沮喪？跟其實你沒那麼喜歡的人，討論其實也沒那麼喜歡的話題，是開心還是難受？

以上這些行為，都可被歸類為負向獎勵的行為，這類行為經常無法帶給人成就感，疲倦感倒是有可能。類似像玩手機、看影集、吃東西這類的快樂，都是我所謂的「海水型快樂」，做愈多只會對快樂愈飢渴，如同喝海水止渴的人，結果變得更渴。

關於這類無法真正滿足人的快樂，心理學家則用了「快樂的跑步機」（Hedonic treadmill）來解釋。想像一下，你走上一臺跑步機開始慢跑，一開始心跳會慢慢增加，身體會漸漸地習慣當下的速度，心跳也趨於穩定，此時如果想提升速度感，或是往上增加心跳，就必須調快跑步機的速度。然而，跑步機速度調得愈快，你就要愈奮力地跑，到後來漸漸喘不過氣，愈跑愈累。

同理，當我們接觸的是海水型快樂，過程中帶給你的快樂也會漸漸麻木，它的邊際效益會遞減。比如吃東西就有明顯的邊際效益，吃第一塊炸雞會開心，吃第二塊也會開心，但即便你吃得下第三塊第四塊，開心的感覺還是會慢慢減少。

收入方面也是，先不論以下薪資的合理性：假設一個人剛出社會領取年薪五十萬元，收入是從零元變成五十萬元，通常會開心。到了第二年如果加薪十萬元，調薪幅度很大也會感到開心。但隨著工作年資增長，加薪幅度通常會漸漸減少，隨之而來的就是對收入的變化感到麻木。久而久之，許多人就對自己的工作失去熱忱了。

除非，你願意從跑步機上下來，不再以收入作為衡量成就的唯一方法。**因為，真正會讓人產生成就感的行為，之中都包含兩個因素：你感覺自己在進步，或是你沉浸在創作的氛圍中。這些過程幾乎都是聚焦在心裡內部而非外在環境。**

如同前文提過，創立進展原則的心理學家海德說：「幸福不是我們能夠直接找到、獲得或實現的東西，必須先具備一定條件，然後再耐心等待[16]。」

然而，這也是正向獎勵不太吸引人的原因，因為通常這類型的獎勵不如甜食般吃得到，或是像收入、物質般看得見，不夠具體也無法快速取得。有時為了得到正向獎勵，你還要先耐著性子做討厭的事，或是需要耐心與時間醞釀一件事情，以便換取日後快樂的可能。

好在，有一個方法既簡單，又可以把自己的進展具體化，這方法無論是用在工作上或是生活中其他目標，都有助於你養成長期有利的習慣。這個方法就是：追蹤你的進度。

透過追蹤，記錄自己的成長幅度

如同寫下目標可以提高達成率，我們也應該記錄自己的成長軌跡，透過追蹤的方式，把進展化為實際的進度。因為，比起「感覺」自己有進展，更好的方法是「看見」自己的進展。

以我自己而言，記錄寫作字數就是我追蹤進度的方法。寫作的過程本身就包含創作，再加上看到累積的字數持續上升，寫作帶給我的成就感就很明確，也是我願意每天花兩到三小時，一天又一天持續寫作的原因。雖然偶爾需要撰寫商業文案，這部分寫起來不見得會有成就感，但想到這部分可以支持我自己繼續寫作，就會視為甘之如飴的挑戰。

另外像是記帳，至今我已經持續十多年的記帳習慣，目的也是透過追蹤的方式，把累積金錢的過程具體化，在存錢的同時也激勵自己持續下去。我在網路上大力推廣過的「五十二週階梯式存錢表格」，也是推廣用追蹤的方式增加存錢的動力。

其他像記錄運動的時間，健身舉起啞鈴的次數，閱讀書本的頁數，喝水的公升數，或是撰寫日記的天數，背過的單字，都是我運用過或聽過有效的追蹤方法。

所以，改變習慣的第四步，就是要透過追蹤的方式，記錄自己的成長幅度，或是留下自己創作的足跡。目的在於用具體的方式看見自己進步的幅度。

這不只是在激勵當下的自己而已，有一天你回頭看時，更能感受到自己的成長，知道自己當初原本沒那麼有信心完成的事，可以因為自己的成長而一步一步實現。

當一個人體會到自己正在成長時，心中會燃起人生的希望；當一個人在創作時，也會感受到生命的飽滿。有趣的是，人在追蹤自己成長的過程中，也同樣會激發出成就感，不斷推著自己往前，讓自己更願意行動，進而打開培養習慣的正向循環。

在了解獎勵的成因後，現在我們可以更明確地定義獎勵：**正向獎勵可以給人成就感，負向獎勵會消耗人的情緒；透過追蹤的方式，可以把正向獎勵帶來的成就感具體呈現出來。**

行文至此，我們已經用系統化的方式理解改變習慣的四個步驟。這裡稍作複習：透過隔絕，可以阻斷對你不利的壞習慣。透過引導，可以提示自己要培養的行為。透過行動，持續做對自己有利的行為。透過追蹤，可以回饋自己正向的獎勵。最終養成好習慣的正向迴圈，不斷蓄積自己的習慣紅利。

補充創作的涵義

雖然創作兩個字似乎意指特定的工作領域，但廣義來說，每個人的人生都是一次創作的過程，你的每一天都在創作新的事物，你做的任何事情都會產出新的東西，你的每個行為都在打造新的未來。就算你的工作內容看似固定，但只要稍加分析工作的內容，也能挖掘出工作中屬於創作的那部分，接著只要再透過追蹤進度的方式，就能夠從中體會到成就感。

比如我以前還在上班的工作，其實我並不喜歡那一份工作，可是那份工作可以帶給我經濟上的穩定，也可以加快我存錢的速度。這樣想，我等於把從事那份工作的意義和更大的事情掛鉤在一起，那一份工作對我而言就是創作的一部分，因為我清楚自己是在打造將來的新生活。

重點概覽／

◆ 改變習慣的第四步，是追蹤自己的成果，用具體的方式看見自己進步的幅度。

◆ 獎勵是訓練大腦養成習慣的關鍵角色，但並非所有的獎勵都是對長遠有利。平時就要練習區分有利的正向獎勵，跟反效果的負向獎勵。

◆ 正向獎勵在過程中與完成後會給人成就感，負向獎勵則會消耗人的情緒，產生的是「海水型快樂」，做愈多只會對快樂愈飢渴。

◆ 透過追蹤，可把正向獎勵帶來的成就感具體呈現出來。

習慣的四個維度：點線面體打造人生的成功螺旋

如果把養成習慣看作是一個點，習慣紅利可視為點跟點之間的衍生，進而形成線。而當養成的習慣行為開始變多，逐漸就會形成習慣的正向循環，我稱之為習慣迴圈。接下來藉由習慣迴圈再往上縱向衍生，就會形成習慣螺旋（Spiral of Habit）。

前面篇幅已經說明培養習慣的方法跟習慣紅利的觀念，我們接著再進一步了解習慣迴圈與習慣螺旋，四個觀念合起來就形成習慣的點、線、面、體。

如何形成習慣迴圈？

人的每次行為看似單一，背後通常都是由多種行為組合而成。比如早上沒精神，可能是

習慣的點、線、面、體

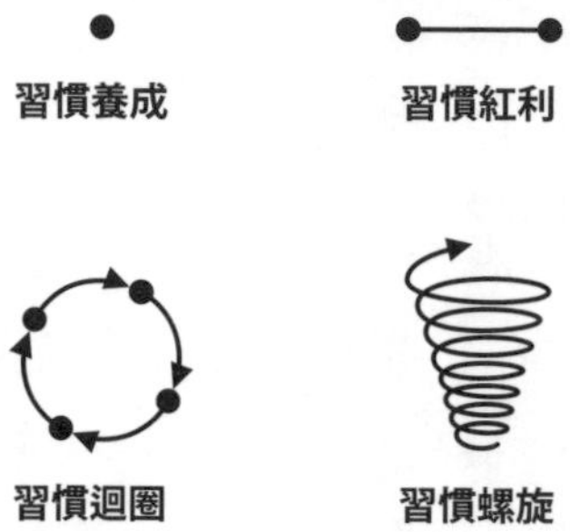

睡眠品質不夠，習慣拖到凌晨才睡，或是睡前煩惱隔天的事。一個容易疲勞的人，可能是運動量不足，或是飲食不正常，或是工作方式導致注意力耗損過快。

習慣也是，一個習慣背後可能是由另一個習慣所引起。相對來說，養成一個習慣後，也可以強化另一個新習慣的養成，而新習慣會再帶動原先的習慣，彼此開始循環強化，最終各個習慣將彼此緊扣，成為正向的習慣迴圈[17]。

就曾有各方研究，當受試者開始培養運動習慣時，連帶減少吸菸量，還會留意平時吃進身體裡的食物。為了在固定時間維持運動習慣，也可能開始調整日常作息，提高生產力以便保留運動時間，或是因為運動而常保正向情緒，進而增進人際關係與工作機會。

在此並非指運動就能帶來人生各個面向的進展，

畢竟每個人的生活方式不同，但因為一個習慣而牽動另一個習慣的現象，的確存在你我身上。人的大腦與身體本來就是系統化運作，牽一髮而動全身。

以我自己來說，早期有固定晨讀英文的習慣，那陣子就體會到思緒變得相對敏捷，而敏捷的思緒連帶讓我工作效率變高。當我閱讀量加大時，也同樣感受到思考速度的提升。或者，我自己在剛接觸運動時，也出現過對乾淨飲食的渴求，進而接觸健康的飲食知識，有陣子我的工作排程也跟著運動時間來規劃，那陣子幾乎是我工作時間表最固定的時候。

另外，形成習慣迴圈對於維持習慣也有幫助。因為習慣之間彼此互相連結，當你暫時中斷一項習慣時，其他習慣只要還存在就不會完全中斷，很快就能銜接回原本的習慣。

比如我因為工作關係，同時擁有寫作跟閱讀的習慣；我需要閱讀來增進寫作素材，也需要寫作來輸出閱讀知識，這兩者之間幾乎是缺一不可，連帶讓這兩個習慣很難中斷，除非某天我同時對這兩件事都失去興趣。

連同改變習慣步驟的隔絕與提示一起看，如果你要戒除一個壞習慣，最好是將所有會讓你聯想到該習慣行為的事物都隔絕掉，打破壞習慣的迴圈。要建立一個好習慣，則是準備更多能提醒你進行該習慣的事物，或是藉由其他習慣來連結[18]，維持習慣迴圈的完整性。

所以，你可以運用習慣四步驟開始培養習慣（點），漸漸衍生出其他領域的習慣紅利

（線），過程中再建立習慣迴圈來強化各個習慣的連結（面），一個扣住一個。接著，當機會出現時，就能再產生習慣螺旋（體）。

如何形成習慣螺旋？

當習慣迴圈開始往上發展時，就會立體化形成習慣螺旋。

比爾．蓋茲曾提過「成功螺旋[19]」（Spiral of Success）一詞，他形容當初微軟先是藉由MS-DOS的成果，把事業觸角延展到Word跟Windows作業系統，接著又成功開發Excel，如此藉由一個事業的成果帶動下一個事業的成功，形成了微軟的成功螺旋。當然，這中間的難度絕非三言兩語可道盡，但作為個人習慣發展的概念有幫助。

一個迴圈要變成螺旋，關鍵在縱向發展。如果在你眼前擺放一個迴圈跟一個螺旋，由正上方看下去它們皆是平面，分別會是圓形狀跟蚊香狀，但如果從側邊看，兩者在旋轉的動態下，螺旋會帶有線條往上移動的感覺；這點正是習慣螺旋的核心概念。

當你培養出一個正向習慣迴圈後，無論接下來你是刻意為之或巧逢機會，某天你跨進另一個截然不同的領域，你原先擁有的習慣迴圈，都可幫助你發展新領域的習慣迴圈，產生一種螺旋向上的感覺。

目前的描述略微抽象，我舉自己為例。我在開始經營個人事業時，初期帶給我最多紅利的其實是理財習慣。一是我從學生時養成的存錢習慣，幫助我度過一兩年沒有穩定收入的階段；二是我從投資理財的行為中，逐漸摸索出很多其他領域做事的心法。

比如金錢複利需要長期思維，人生複利也需要；投資理財要選擇適合自身的風險屬性，職涯規劃也要；資產配置是為了避免系統性的風險，多元的工作技能也是。這些是在我當初學習理財時未曾想過的事，也是經過多年理財才慢慢體會出的道理，但後來就這樣運用在創業上。在理財習慣的成果下，我藉此「槓桿」出其他領域的成果，進而帶動個人發展。

我目前的工作與時間管理習慣也是，學生時期與上班時期已經開始有規劃時間的習慣，後來就直接遷移到自主工作模式的習慣上；原本定期撰寫工作報告的排程，就變成定期發布文章的排程。至於時間管理的習慣我也挪用存錢習慣的概念，會分配不同的時間做不同的事，如同分配收入到不同的地方花用。

直到現在，如果我有計畫切入一個新的工作領域、創辦新的網站時，初期也是直接複製原本的工作流程習慣，縮短切入時間，再針對新領域的細節優化即可。

簡言之，習慣迴圈是鞏固現在的習慣，習慣螺旋則是把現有的習慣延展到下一個新領域。當然，習慣螺旋並非多神奇的觀念，很多人也可能在不知不覺中早已產生，畢竟當人在向上成長時，過往的資源都會自然而然用上。這裡是提出一個更有系統的思維模型，讓習慣的養成與習慣紅利的形成更具有成長的方向性。

舉世聞名的畢卡索一生創作無數，坊間傳言作品數量至少上萬件，而他之所以能產出那麼多的作品，就在於每天都有創作的習慣。

不過畢卡索還有一項較少人留意到的優勢——他活得夠久。

相較於梵谷三十七歲離世，達文西六十七歲辭世，活到九十一歲的畢卡索顯然有更多時間累積作品。雖然我不知道他有沒有刻意保養身體，但我相信好的生活習慣足以延展一個人的生命長度，進而擁有更多機會拓展人生廣度。

據傳畢卡索有一句名言：「重要的不是一位藝術家在做什麼，而在於他是什麼樣的人。」

我想，一個人會是什麼樣的人，生命之河將是如何流淌，境遇是好是壞，多少跟運氣有關；但說到一個人能夠獲取的成就，則肯定跟自己的習慣有關。接下來的章節，我們就進入不同領域說明，如何藉由培養習慣在不同的領域中成長，發揮自己更大的潛能。

重點概覽／

- 養成習慣是一個點，習慣紅利是點跟點之間衍生的線，逐漸就會形成習慣的正向迴圈，再藉由迴圈往上縱向衍生，就會形成習慣螺旋。
- 既有的好習慣會強化另一個新習慣的養成，彼此會開始帶動循環，最終緊扣成為正向的習慣迴圈。
- 當人跨進新的領域時，原先的習慣迴圈會往上發展成新領域的習慣迴圈，產生向上的習慣螺旋。
- 習慣迴圈是鞏固現在的習慣，習慣螺旋則是把現有的習慣延展到新領域。

CHAPTER 2

選擇的習慣

做對選擇，
讓每一次的努力更值得

致富或破產——成功需要豁出去嗎？

致富的故事總是吸引人，尤其是在豪賭一把之後。

對投資理財有興趣的人，多少聽過傑西・李佛摩（Jesse Livermore）。他是一八九〇年代縱橫美國華爾街的股市大亨，三十歲時身價就已經約為今日的一億美元。他的發跡過程實在太精采了，我想從他的故事開始談起。

初識李佛摩，我是從二十多歲時閱讀《股票作手回憶錄》開始。據說李佛摩曾靠著一次投資獲利上億美元，當時這數字把他拱上全球等級富豪之列。然而，他晚年因為不得志企圖飲彈自殺，而且不幸最後成真了，享年六十三歲。

其實那不是李佛摩第一次破產。在自殺之前他已破產多次，但每次爬起來後都能賺到更多的錢。他第一次破產是在二十多歲，當時他剛在波士頓地下交易所嶄露頭角，後來卻被列為拒絕往來戶，只好帶著錢到紐約交易股票，可是不到半年就賠光積蓄。

後來李佛摩靠著跟人借來的五百美元，成功翻身賺進一萬美元，接著押寶一家公司股票又獲利五萬美元，但之後又賠光。就這樣，他的資產看似起伏，實則往上不斷翻倍，到後來他動輒就是幾百萬美元的獲利，也是幾百萬美元的負債。他人生最巔峰的一刻，就是在一九二九年經濟大蕭條時成功狙擊市場，據說狂賺了一億美元，相當於今日的十幾億美元，短時間就名列世界富豪榜中。

我認為他確實厲害，能夠靠著交易在短時間內致富，又能在短時間內破產，隨後再次爬起，這心臟不只是強而已。

但李佛摩最後還是自殺了，據說是熬不過負面情緒，似乎在自殺前就已經有憂鬱的傾向。然而他的辭世還是留給世人問號，明明先前破產多次都能翻身，而且還賺進更多的錢，為什麼這一次會放棄？

有可能適逢二戰衝突之際，股票市場乏人問津，加上當時美國為了走出大蕭條，政府制定許多新的交易法規，導致他過往擅長的交易方法失效，已無法在市場呼風喚雨。這點從他在離世前出版的著作銷售狀況不如預期也可窺知。

總之，或許李佛摩感覺再也玩不下去，最後選擇脫離這一切，如同他原本就是賭上一切。

弔詭的是，李佛摩一生留下許多膾炙人口的投資名言，有些甚至是跟他的生涯結局相呼應。好比這句：

「一個人或許可以暫時打敗股票市場或團體，但沒有人可以活著打敗市場[①]！」

很難想像一個曾經如此富有、聲名遠播的人，最後會是因為錢的問題而自殺。說到底，當一個人賭上自己的一切時，成功了就像是天才，失敗了就像是瘋子。

看完傑西．李佛摩的事蹟，我們再來看另一個人的故事，他沒有賭上一切，而且他的人生是以天才的姿態收尾。

•••

跟傑西．李佛摩不同，羅納．瑞德（Ronald Read）沒有傳奇的一生；就算有，也是在他人生畫下句點之後才開始。

以世俗的角度來看，瑞德的一生低調平凡，退伍後做過加油站員工、百貨公司維修清潔工，開的是舊款汽車，會為了節省停車費把車停到更遠的地點。如果要說在世時有什麼值得一提，或許就是他很長壽，最終活到了九十二歲，那時人的平均壽命差不多才六十歲。

瑞德一生的驚人事蹟是在他去世以後才被揭露。他在二〇一四年辭世後，留下兩百萬美元給家屬，其餘全部捐給當地的醫院跟圖書館，捐款金額是——容許我停頓一晌——六百萬美元。

以一個從事社會相對基層工作的人，身後要如何留下八百萬美元？就算他從十歲工作到九十歲，一年扣除生活費都要再存下十萬美元，單獨靠他的工作絕對不可能。

的確不可能。瑞德的遺產之所以如此龐大，不是單純靠工作收入，也不是因為繼承親戚的遺產，更不是他中了樂透，而是他省吃儉用地過日子，把存下來的錢都投資在績優股上。

還有一個隱性關鍵，是他跟前面說的富蘭克林以及畢卡索一樣，都活得比當代人更久，所以微薄的收入能透過複利加倍放大，最終成了眾人口中的慈善家。

當一個人兢兢業業地低調過日子，賺進大把鈔票卻都沒花在自己身上，或許有些人會說他是傻子，卻也是真正的贏家。身後捐出大部分資產的壯舉，更是值得人欽佩。

就這點而言，瑞德跟李佛摩兩人對於金錢的態度是大相逕庭。

據說李佛摩在花錢方面非常豪爽，出入以名車代步，喜歡在身上帶著大把現金，還在曼哈頓最值錢的第五大道上成立自己的辦公室。那棟大樓我在二〇一九年到紐約時曾經路過，走個五分鐘就能到中央公園，可說是曼哈頓的精華地段。

而瑞德呢？他每天認真做好自己的工作，每天專注過好自己的日子。就這樣。

沒有人可以斷定這兩個人的人生誰比較好。李佛摩是賭上一切，瑞德則是用盡一生；李佛摩的資產最高時是瑞德遺產的上百倍，而瑞德或許從未嘗過李佛摩有錢時一天的生活；李佛摩一出手可能就是幾萬美元，而瑞德會精打細算避免多花幾美分。

我相信有些人傾慕李佛摩累積財富的作法，有些人欽羨瑞德的投資方式，這之間並沒有對錯。我們真正該擔心的是，自己明明不適合卻硬要效法李佛摩；或是，我們都有機會像瑞德一樣，不需要多高的收入也有致富的機會，卻一直被不重要的事干擾而沒有開始。

成功需要取捨，但不是只有兩條路

說來，成功是不是真的要豁出去？致富是否真的要賭上一切？我的答案是不用。但我也不否認，賭上一切確實是可行的方法，而且過程特別瀟灑。有時我也忍不住羨慕那些傾注一切的人，悠遊一生，瀟灑數回。不過，前提還是對方最後成功了。

至於賭上一切最後沒有成功的那些人呢？礙於倖存者偏差的關係，少有人真的知道他們的故事，所以我們只能用想像的，想像他們失去什麼樣的生活，想像他們是否會後悔，想像如果換成是自己的話，會怎麼回顧那樣的人生。

這一切沒有答案，但足以作為自己人生方向的指引，在遭逢人生的十字路口時，做出屬於自己的選擇。

不過話說回來，這個問題——要不要豁出去？其實是一道陷阱題，會讓人誤判只能選要或不要兩條路，忽略掉每一個選擇其實都只是一種可能，並非就是定數。結果會如何，還跟過程中你怎麼做有很大的關係。

重點概覽／

- 成功與致富的方法有很多種，重點是知道自己適合哪一種方法。
- 因為倖存者偏差的關係，人大多只會接收到成功的故事，導致以為那些倖存的成功方式就是唯一的成功方法。
- 你是傾向過傑西．李佛摩還是羅納．瑞德的人生？原因是什麼？藉由他們的故事指引自己人生方向，在人生的十字路口時，做出適合的選擇。

找到底層價值，做出長遠有利的選擇

有一陣子我迷上喝咖啡。會說迷上，是因為在那之前我沒有喝咖啡的習慣。更準確地說，是沒有透過咖啡因提神的習慣。

之所以喝咖啡，是我察覺體力已不如二三十歲時充沛。以前可以一早起來就專注工作到中午，用完餐後只須睡個午覺，即可接續工作到晚上十一點，中間跑去健身運動也沒問題。後來覺得連早上專注力都開始下滑，因此興起喝咖啡提神的念頭，還心血來潮研究何時喝咖啡是最佳時機②。

我想很多人剛接觸咖啡的經歷都類似，會漸漸分得出不同咖啡的口感，也漸漸分得出咖啡因不夠的鈍感。隨著每天一杯喝下來，我需要的咖啡因逐漸變多，否則達不到我想要的提神效果。

直到有天我出現明顯的戒斷症狀，才開始認為好像太依賴咖啡。我不喜歡依賴的感覺，覺得是該戒掉咖啡的時候，但凡是需要戒掉的行為都很難戒掉，因為你是剝離一個原本屬於自己的東西；那時戒掉咖啡對我就是種困難，不喝會沒精神，喝下去勢必要愈喝愈濃。

我得選擇其中一個才行。

選擇是習慣使然，須留心每次的選擇

選擇算不算一種習慣？我認為算。人一生的確都在不同的選擇中徘徊，每一次的選擇都是一種行為，也是一種思維；每一次的選擇經驗也會成為下一次的選擇依據，累積起來就成了選擇慣性。

比如，面對投資風險的選項時，有些人習慣保守看待，有些人則是偏愛刺激，要他挑穩定的項目還特別彆扭。不只是投資風險的選擇，或選擇什麼職涯，就連選擇穿什麼衣服也可看出習慣的端倪。有些人穿鮮豔的顏色會沒安全感，有些人覺得衣服沒受到關注才是沒安全感，每個人都會做出自身習慣的選擇。

如果你認同選擇是一種習慣，那接下來這句話就能起到提醒作用：你要小心自己每一次的選擇。

當我們在做選擇時，除非真的瞎猜，否則都會依據某一個意識來選擇，只是這個意識自身能否察覺到而已。這個意識會成為我們在做選擇的起點，它落在哪裡幾乎就決定後續的走向。

我想你應該有過經驗，周圍某個熟悉的朋友看似苦惱一樣事情，但旁觀的你們幾乎都知道他最後會選什麼，因為你們太了解朋友的習性了。許多時候光看選項就可以猜到一個人的選擇，因為人都有自己習慣的選擇意識。而要打破這層意識，你就不該依據表面結果做選擇，要改成依據底層價值來選擇。

別只看結果做選擇，要依據價值做選擇

所謂的「底層價值」（Underlying Value）③，常見於投資上評估一家公司獲利體質的術語，目的是在找出這家公司現存的基本獲利能力，排除商譽、成長願景等無形資產。套用在選擇上，就是找出一個選擇背後真正有利於自己的根本價值。

好比我想要戒掉咖啡的選擇，要麼選擇不喝沒精神，要麼喝下更多咖啡，這就是針對表面結果做選擇。在此情況下，選擇喝更多咖啡的可能性很高，因為表面上提神對自己是比較

有利的事。追求思緒清晰是人的本能，千萬不要挑戰本能習慣。

所以，我應該換一個選擇，不在沒精神與喝更多咖啡之間抉擇，而是進一步思考，不喝咖啡對我自身有利的價值在哪裡。一旦這樣思考後，答案隨即浮現，喝咖啡對我來說並不健康。

先申明，我不是指喝咖啡對身體不健康，我指的是我個人偏好的健康。因為早上喝咖啡雖然有助於提神，但代價是我會犧牲午睡的品質。午睡沒睡飽會影響到我下午的心情，長時間下來會影響到自己的身心，所以我把它當作犧牲部分健康來看待。

改從底層價值思考後，我不喝咖啡的選項就從「不喝沒精神」變成「不喝更健康」，用來跟喝咖啡能提神做對比。我不就表面結果做選擇，而是以哪一邊對自己更有價值做選擇，頓時我心中的答案也就不一樣，於是決心要戒掉咖啡。

就如同想要戒菸的人，千方百計想戒掉，但還是抵擋不住飯後一根菸的習慣。直到有天老婆懷孕、小孩出生，甚至是生病了，隔天立即斷掉所有的菸癮。當價值能被看到時，做選擇才是對自己真的有利。

由此可知，飲食習慣也是選擇，依據好吃跟不好吃的食物來選擇，肯定要選好吃的；但選擇好吃的食物跟吃起來健康的，答案或許就不同。運動習慣也是，依據累或不累來選擇，容易選不運動；但選擇運動後身心舒暢跟不運動就不累，答案或許就不同。學習習慣也是一種選擇，依據困難或簡單的來選擇，容易選簡單的；但選擇吸收新知跟選擇簡單的，答案或許就不同。

一個問句找出底層價值

歸結而言，習慣是一種選擇，選擇來自於習慣。依據表面結果做選擇，通常都是停留在選擇好或不好的層面，很容易就被本能牽著走；依據底層價值做選擇，才能分辨對自己長遠有利的事情。

人的本能會想盡可能輕鬆、快樂，這其實很好，人的確要讓自己快樂，但此刻在你我周圍環境中，處處充滿以快樂為名的誘惑，實則會帶給自己長遠不好的影響，所以我們才要培養有意識做選擇的習慣。人的思維有其慣性，當你習慣就表面結果做選擇，就會不斷陷在舊有的思維裡。

至於如何養成依據底層價值做選擇的習慣，你可以用以下這個問句引導自己，尋找背後對自己有利的選項：

別管好或不好，就這兩個選擇而言，哪一個比較有價值？

當然，前提是你要誠實地面對自己，還有勇敢面對現況，特別是現況不算好的時候。如果你明知道做一件事對自己長遠有害或沒價值，依然用詭辯的方式說服自己接受，有沒有具備選擇的意識都不重要了。

至於做一件事的價值是高是低，因人而異。並非說午睡對我重要對你也就重要，愈是生活化的事情，每個人在乎的差異愈大。甚至，我們都會在人生不同階段，調整我們重視的價值。比如我自己剛接觸健身的頭幾年，維持體態跟選擇好吃的，我會秒選維持體態，但如今我還真不敢確定。

用底層價值做選擇，有意識地養成好習慣

自從認為喝咖啡會影響身心健康後，我覺得戒斷的難受也就還好，那次堅持一兩個星期以後就不再依賴咖啡。但你以為我從此不喝咖啡嗎？不！偶爾還是會喝，而且還當作是給自己的獎勵，現在我可以想喝就喝——喝了會提神，想不喝也可以不喝——不喝好午睡。我不是在做選擇，我是在做價值切換。

至於最不好的選擇習慣，是都不想做選擇，以無作為的方式任由本能習慣操控自己。要知道，好習慣通常需要有意識地形成，壞習慣則是自然就形成；選跟不選都有代價，天下沒有白吃的午餐。

採用底層價值做選擇的方式，可以讓日常生活與工作中看似無關緊要的選擇，漸漸往未來對自己有利的方向去。這類選擇的特色是，一兩次的選擇看似無足輕重——比如略過一次運動，大吃大喝，挑選輕鬆的事情做，這些決定短期影響確實不大，但長期不做選擇，其影響就愈來愈顯著。

不過，上述是應用在日常中較好區分選擇價值的時刻，若是遇到人生重大決定，或是兩邊價值難以衡量時該怎麼辦？接下來，讓我們來學習如何做一個好決定，培養系統化做決策的習慣。

重點概覽／

◆ 選擇是一種習慣。每一次的選擇都是一種行為，也會成為下一次的選擇依據，累積起來就成了選擇慣性。

◆ 不要依據表面結果做選擇，而是要依據底層價值來選擇，找出選擇背後真正有利於自己的根本價值。

◆ 依據表面結果做選擇，通常都是停留在選擇好或不好的層面；依據底層價值做選擇，才能分辨長遠有利的事情。

◆ 用問句引導自己：別管好或不好，就這兩個選擇而言，哪一個比較有價值？

設計你的決策流程，擺脫猶豫不決的習慣

人一生會做多少個決定？在我看來，人的一生既然要面對很多的選擇，就也要做出很多的決定；大部分是日常的小決定，但在人生不同的階段裡，都會需要做幾個影響深遠的大決定。

以我自己來說，目前職涯中做出最關鍵的決定，就是當初下決心要離開上班環境。雖然現在來看，我當時抉擇的方式是有點衝動，但衝動不見得都是壞事，衝動有時候會讓人付出該有的行動。如果當時我少了一點衝動，以我的個性來說可能會再三思忖，或許就遇不到自己喜歡的工作。

然而，如今回顧那時的決定確實有不少瑕疵，也因此我後來只要有機會，都會藉機思考做決定的方法。漸漸地我也觀察到，無論是在企業裡或是個人身上，一個好的決定，背後都

有一套完整的決策流程。

所謂的決策流程，你可以想像成是在編寫做決定的演算法，目的是排除人性不理智的部分，也納入自己價值觀的抉擇，而且隨時可以依照當前的經驗調整更新。

至於為什麼需要決策流程？因為有時候在做決定時，我們會過度關注做一件事的得與失，忘了思考做出的決定是否跟自己的價值觀相符，也更容易陷在不是得到就是失去，這種非黑即白的二分法思維陷阱裡。而當你在做決定時，手邊有一個決策流程可依循，就可以有依據地衡量眼前各種選項的利弊。

五個問題設計你的決策流程

一般來說，有效的決策流程類似一份確認清單，會透過幾個問題層層把關。以下這五個就是我經過長年修訂的問題，串聯起來就是我認為最能應付各式問題的決策流程。我習慣直接置頂在手機的備忘錄中，遇到比較複雜的決定時，就會打開來協助自己思考。

問題一：我真的需要做這個決定嗎？

當你苦惱一個決定時，你要先思考是否有必要做這個決定。如果答案是「不」，就別再耗費時間做這個決定了。這問題看似沒必要，但它正是用來篩選沒必要的決策，排除其實不需要你花時間困擾的問題，把心力放在真正值得花時間的地方。

問題二：我做這個決定的原因是什麼？

到底是什麼原因會讓你想要做這個決定？把各種可能原因都寫出來，用視覺化的方式來檢視決定。這個問題有助於你思考決定背後的動機，先釐清動機，決定才有意義。

問題三：這個決定跟我的價值觀有什麼衝突？

有時人會遲遲下不了決定，原因是這個決定跟潛藏在心中的某個價值觀牴觸。有趣的是，當一個決定跟你的價值觀或潛意識有所衝突，或許你沒有主動意識到，但你的大腦跟身體可能會透過任何的方法，提醒你不要去做它。

好比你是個風險規避者，價值觀是寧可少拿報酬也不要冒風險，如此一來當你要嘗試新事物時，可能就會不自覺冒汗或焦慮。此時透過問題三就可以幫助你進一步思考，是否要鼓起勇氣克服風險，還是說應該保守一點，遵循自己目前的價值觀。更重要的是，釐清自己遲遲無法做決定的原因，是否就是跟自己的價值觀衝突。

問題四：做這個決定會得到哪些正向結果？以及承擔哪些負面後果？

只要是決定，就會有利弊，透過這個問題是要具體比對選擇後帶來正負兩面的影響。有時候人如果一直關注失去的事情，就會忽略任何的抉擇都會有所獲得；過度關注失去的那一面，也會讓自己不敢做出有利於己的決定。

透過問題四就是要引導自己去思考決定會帶來的好處，還有客觀地看待壞處。要留意的是，如同我們在第一章談到設定目標時的順序，回答問題四時你要先想正面的結果，再想負面的阻礙，以免自己陷入規避損失的心態。

問題五：假設自己變成旁觀者，會如何建議自己做決定？

這是在心理學中不時被提到的技巧，利用角色抽離的方式，把自我從問題的漩渦中拉出來，從旁觀者的角度重新思考眼前的處境。問題五的效用不會受限於問題的規模，從日常瑣碎的小問題，到挽救一家企業的大問題都能派上用場；世界級企業英特爾就曾因此扭轉衰退的命運。

那時英特爾的主力產品是記憶體，卻也面臨日本企業的強大競爭，利潤持續地縮減中，因此苦惱是否應該放棄這項主要的獲利來源，轉而投入微處理器的研發。當時的執行長就問創辦人：如果此刻董事會把我們開除，新上任的執行長會做什麼決定？據說他們很快就釐清問題的答案，他們應該盡快帶領公司跨入新的事業。而這個問題也開啟了英特爾輝煌的企業史。

人的大腦就是如此奇妙，當你告訴自己要從問題中抽離出來後，大腦確實會改從第三方的角度思考，而你也將如同旁觀者般建議自己該如何選擇，或是更能聽從自己的心聲。

了解決策流程的用處後，你不妨稍加觀察，這五個問題要思考的範圍是由淺入深，難度是依序變高。這也是做決定的技巧之一，你要先從簡單的問題開始，再慢慢把複雜度加上去，如此便有助於自己做出好的抉擇。

●●●

然而，擁有再好的決策流程，沒有下決定依舊是一個壞決定。當你走過決策流程後還是無法下決定，此時你需要的是排除做決定時猶豫的心態，以下四個就是值得你培養的做決定習慣。

做決定的好習慣一：不要拖延，馬上下決定

拖延，是抉擇的天敵，因為即便你做了全盤的考量，但遲遲不肯決定與開始行動，那些考量都只是紙上談兵。

何況一次的拖延，更會造成下一次的拖延，讓你更難做出決定。隨著時間經過，你可能會因為工作繁忙，或者是其他日常生活雜事纏身，愈來愈不想去面對那個問題，結果是幾個月、幾年的時間就過去了。

所以，在做過決定的考量後，就不要拖延，盡快下決定。你不需要等到有十足的把握才可以行動，甚至經驗上你只需要六成的把握就可以開始，剩下的邊做邊調整都來得及。

做決定的好習慣二：設定期限

為了克服拖延，你要為自己的決定設定期限。有一個簡單的方法：告訴自己只要某一個時間點到了，就要下一個決定。我將這樣的決定稱為「中途決定④」，名稱的靈感來自扭轉二戰戰局的中途島戰役。

強調一下，中途決定並非重大決定，並不是這個時間點到了，你就一定要去做多難的事，要執行完所有的決策與行動。決定，也是可以有進度的，你可以先設立一個期限，催促自己該做哪些打算，一旦這個期限到了就付出一點點的行動，接著再做下一個有關聯的小決定，讓許多的中途決定串起所有的決定。

很多時候，我們會覺得做決定很難，原因是它帶來的影響範圍可能涉及人生不同層面。但其實所有的決定，也可以像切割目標一樣分成不同的小決定來執行。當一個重大決定被切割成不同的中途決定，就會比直接下一個重大決定來得簡單很多。

以考量「離職換工作」來說，無論對誰都是不容易的決定，決定之後影響的範圍也不小。此時就可以把這個大決定，拆分成不同的中途決定來應對。比如說，你打算給自己多久的時間找下一份工作？接著就能把換工作的時間表訂出來。再來，你目前的存款可以支應多久沒有工作？接著就能把維持生活的金額數字估算出來。

接著思考，在目前就職的公司裡，還有什麼工作能力可以學？有值得信任的同事或主管可以討論離職的念頭嗎？類似這些問題都是在擴充「要不要離職」的選項，讓二分法思維以立體的方式展開，掌握更多的選項籌碼。先決定好主要決定背後的各種中途小決定，一一突破後你對換工作的決定也會更有信心。

正所謂「水到渠成」，起初一點點的水流經過，久了之後就會形成一條渠道。做決定也是如此，經由階段性的中途決定，讓自己下決心的渠道漸漸地形成。

做決定的好習慣三：採用成長型思維

許多時候一個人做不了決定，並非能力真的不足，而是對未來的不確定性感到焦慮，擔心這個決定造成無法挽回的影響。只是這之中有個迷思，你是以目前的能力來煩惱未來，採用的是固定型思維，你應該反過來用未來的自己看現在，改從成長型思維的角度問自己：如果將來的能力成長了，會怎麼看待現在這個決定？

你可以自問，假設做了這個決定，三年後回頭看是會後悔，還是會認同這個決定？五年、十年後的自己會如何看待呢？未來的你會希望現在的你不要拖延、不要想那麼多，應該盡快做決定嗎？還是會希望你再多考慮一下？

這種用成長型思維角度看自己的方式，是引導我們的大腦從未來看待現在，思考如果今天做出了這個決定，成長後的自己到底能不能接受，從不同的角度更全面地思考這個決定。

不要小看人的大腦，有時候你對自己提出一些不同的問題，你的思維就會從不同的角度尋求解答，也讓你的決定更加地完整與全面。關於這點，我會在後面的篇幅中更深入地說明，我稱那個方法為「把未來拉到眼前」。

做決定的好習慣四：睡飽了再決定

我常提醒自己：不要在夜晚煩惱事情。人的身體在長年演化的機制下，會在太陽下山時進入休息狀態，同時會提高對周圍環境的警戒，容易有更多負面的想法，所以當人在累的時候其實難以做出好的決定。在犯罪調查的影集中，也會看到某一方趁對方疲累的時候逼供事情，原因都是當人在累的時候意志力會變薄弱，沒有心力做出理性的判斷。

所以，如果你有一個懸而未決的事情，你應該要等睡飽後才評估。當人有足夠的睡眠時，思緒會相對清晰，此時有可能會想到更好的選項，或是更透澈地評估後續衍生的影響。以我的經驗來說，有時把決定擺著過夜，一早醒來的想法就會截然不同，而且對自己的決定也更有信心。

●●●

這篇文提到的比較多，先做個簡短結論：小決定需要即時決定，大決定需要中途決定，要以成長後的自己做決定，要在睡飽之後做決定。

坦白說，會需要下決定的事情，通常都是不容易的事。好比若有一份工作讓人做起來既開心，收入又高，還可以讓人不斷學到新東西，這根本不是在逼你決定換工作，而是天上掉下來的禮物。真正難的決定，都是會讓人陷入兩難之中，讓人掙扎於現實與機會之間。

此時，你要做的不是回答哪一個比較好？而是培養新的選擇習慣，跳出兩難的思維框架。關於這點，下一篇我們就從選擇夢想還是要選擇現實說起。

重點概覽／

◆ **做決定前問自己五個問題：**

①我真的需要做這個決定嗎？

②我做這個決定的原因是什麼？

③這個決定跟我的價值觀有什麼衝突？

④做這個決定會得到哪些正向結果？以及承擔哪些負面後果？

⑤假設自己變成旁觀者，會如何建議自己做決定？

◆ **四個做決定的好習慣：**

①不要拖延，馬上下決定。

②設定期限。

③採用成長型思維。

④睡飽了再決定。

◆ 小決定需要即時決定，大決定需要中途決定，要以成長思維來做決定，要在睡飽之後做決定。

追逐夢想或顧及現實？跳出二選一的選擇習慣

你認為，決定要追逐夢想比較難，還是決定要放棄夢想比較難？

二〇二一年中，我追了《喜劇開場》這齣日劇，原本是當成工作之餘的休閒活動，沒想到首集的劇情就抓住我的胃口。三名年輕人從學校畢業後投身於喜劇演出，克服困難朝夢想前進，期待某天大型舞臺的聚光燈打在他們身上。

隨著三人團體持續地到處展演，開始有經紀人找上他們，定期表演場也逐漸獲得本地觀眾的支持，實現夢想的機會指日可待。然而一晃眼好幾年又過去，他們依舊是熱衷搞笑短劇的人，依然是由同一個經紀人接洽活動，而觀眾，卻也依然是一小群本地的支持者。

追逐夢想的背後，總是要面對時間的脅迫，只能說現實終究太現實。

三人眼見無法再有突破性發展，開始萌生回歸日常工作型態的念頭，從此踏上告別舞臺的籌備之路。耐人尋味的是，在心生放棄短劇的想法後，他們反而催生出更多對表演的激情，卻也同時受到更多現實無情地拉扯，心中的掙扎不可言喻。即便明瞭喜劇生涯不得不走進尾聲，卻又遲遲無法下定決心說要放棄。

原來，這齣劇講述的不是追逐夢想的熱血，而是放棄夢想的掙扎。能擁有追求夢想的機會很幸福，至少旁觀者是這麼認為。但如果在擁抱夢想之後卻必須放手，個中滋味又有多少人願意嘗？在夢想與現實之間抉擇從來都不容易，若說追逐夢想需要勇氣，放棄手中的夢想不也需要？兩者到底哪一個更難？

要果斷抉擇，需克服規避損失的人性

問我的話，我覺得下定決心追逐夢想比較困難，因為既然要煩惱該不該追求，代表勢必有其他事情需要取捨，而且後果經常是要人放棄現有的東西，會讓人更排斥失去的感覺。也許，追逐夢想的代價是要失去一份穩定的工作，或好不容易累積到的收入水平，或預期可見的職涯發展，或旁人寄予厚望的期待。

失去的感覺令人痛楚，而痛楚，是人抗拒改變的濫觴。

自從行為經濟學發展出「損失規避」（Loss Aversion）的理論後，學者終於能明確地告知世人，人對於痛苦跟快樂的感受是不均等的。相較於得到時的喜悅，失去時帶給自己的痛苦更為劇烈，以至於人寧可避免失去也不願意獲得。

比如有學者實驗過，隨機發送馬克杯給教室裡半數的學生，接著問另一半沒拿到馬克杯的人，打算出多少錢跟旁邊的人購買杯子？平均來說那些人願意出三美元購買。學者再問拿到馬克杯的人，願意用多少錢賣出手中的杯子？平均起來願意用將近七美元賣掉。顯然，這之中不是有人高估就是低估，而這兩個價格之間的「溢價」，就是人討厭損失的「代價」。

當我們認為自己擁有一件事後，心態自然會加重那件事在心目中的分量，這就是人特別想規避損失的原因。即便那個分量在別人眼裡不值多少錢，但在自己眼裡是寶就行。其他研究的結論也相似，如果要人忘卻失去的痛苦，至少要提供一點五到兩倍的快樂才行[5]。

正所謂旁觀者清，因為旁觀的人並非擁有的人，擁有的人有自己才看得到的價值，有自己需要承擔的代價，卻也有自己走不出來的盲區。

所以，我認為追逐夢想比較難，因為我們將失去手中的那個「馬克杯」，畢竟原本就擁有了，所以會捨不得。同樣道理，要人放棄現有的工作以便找新工作比較難；要人改變舊習慣以便過新生活比較難；要人早睡、吃輕食以便調養健康比較難；要人犧牲生活品質以便存更多錢比較難。

然而我在追完那齣日劇後，體會到放棄夢想遠比想像中困難。難的原因不是從此失去了夢想，而是之後得到的東西不見得是真心渴望的事物，只是礙於現實不得不選擇而已。縱使夢想之路已經碰到死巷，現實也並非走起來就是開心的路。

如何跳出兩難問題的框架？

既然現實跟夢想都如此難抉擇，到底該選哪一個？要回答這個問題，你需要先「拒絕」回答這個問題。你必須跳出兩難問題的框架。

來思考下方的圖，直觀來說，你覺得圖A或圖B哪一個比較好理解？

你覺得哪個圖比較好懂？

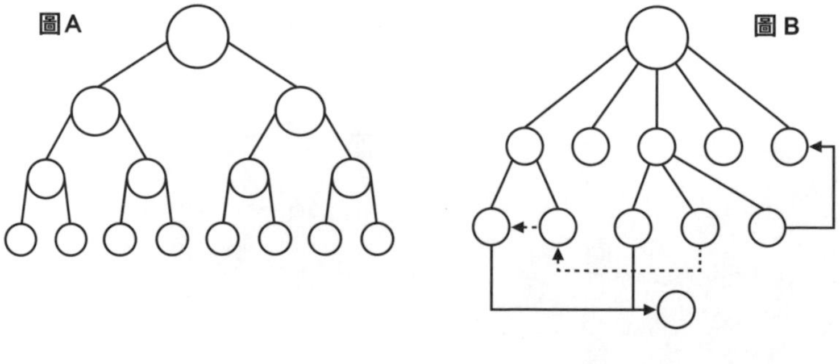

大多數人覺得圖 A 較好理解，因為二分法是人習慣的選擇策略。

如果我估計沒錯，你應該也會覺得圖A比較好理解；二分法始終是人習慣的選擇策略。人的思維有慣性，當遇到有限的選項時，大腦會自動產生選擇框架，而思考的範圍常常因此受到限制。這不是誰比較聰明的問題，而是自古以來演化的思維習慣。就像在一個漆黑的歌劇院裡，突然有一道燈打在舞臺上，人的焦點自然會移動到上面，燈光以外有什麼也看不見了。這是心理學中的聚光燈效應，它會讓人陷入「心盲」的狀態。

值得慶幸的是，只要給自己多一個選項，就可以避免掉入二分法的思維陷阱裡，大幅提升成功解決問題的機率。這是經過心理學家實驗的結果，目的是想了解消費者如何看待機會成本。你不妨一起來思考以下問題：

假設你有一筆可以任意花掉的閒錢，正巧你看到一樣商品正在促銷，售價要兩千元，商品不論是外型或款式都吸引你。在這樣的情況下，你會把這筆閒錢拿去買那樣物品嗎？實驗調查結果有七五%的受訪者願意買，只有二五%的受訪者不會買。

之後，團隊在另一個地方重新做實驗，問新一批受訪者同樣的問題，但給出的選項稍微不同：

選項一：買。

選項二：不買，然後把兩千元拿去買別的東西。

跟原先實驗的差異在於，實驗人員在第二個選項中加入可以去買其他東西的提示。結果光是給予更多提示的作法，選擇不買的人就從二五％提高到四五％。

所以，這種引導自己有更多選項的策略，可以讓人從二選一的思維困境中跳出來。在要或不要的答案後面多加一個選項，人會自然去想到更多的可能。

因此，當你面對兩難的困境時，你其實要思考的不是該選哪一個，而是加入新的選項，讓問題從「該怎麼辦」變成「還能怎麼辦」，聚焦在作法上而非問題上。好比在面臨要選擇夢想還是選擇現實時，我們可以把選項擴充為：

「有沒有可能在顧好現實的情況下朝夢想前進？」

「如果要追逐夢想，我還有多少時間準備？」

「如果現實沒有自己想的殘破，夢想是否也沒想像中繁華？」

「從現在開始，我要做什麼事才可以放心追求夢想？」

你也可以把這方法套用在任何日常的兩難問題上。好比你在思考該不該換一份工作時，不要只是去想應該或不應該，而是換個方式想，若應該換，我要如何準備？不換工作，我又該如何調整心情應對目前工作的內容或環境？

只要你給自己不同的指引，就會跳出不同的選項。漸漸地你也會發現，其實解決問題的方法通常不會只有二選一，選了之後就算走進死巷，也不代表就是走到終點，說不定轉個身反而是新的起點。

我想起電影《靈魂急轉彎》一個場景。被調換靈魂的主角到髮廊剪髮，閒談中得知理髮師原本的夢想是當獸醫，後來因為小孩生病急需生活費，考量一番後只能放棄當獸醫的夢想。主角聽完為他感到惋惜，覺得窩在理髮廳當理髮師並不快樂，沒想到理髮師聽見後趕忙澄清，他其實現在快樂得很，因為每次理完髮都賦予客人全新樣貌，宛如重生。理髮工作可以帶給人開心，他熱愛他的工作。

當人在面對抉擇時，會擔心失去現在擁有的好，也擔心改變後的壞，導致遲遲無法做決定。然而，世上並沒有完美的決定，人總是要在得與失之間取捨，一個決定後來之所以成為好的決定，與自己在過程中如何讓事情產生進展也有關係。

到頭來，追逐即放棄，放棄即追逐，就看你把聚光燈打在哪一個位置上。

選擇夢想或現實，這是排序的問題

關於現實或夢想的重要性，早期我聽過一種比喻。人生猶如開車，夢想是輪胎，你需要夢想的驅動來帶著你往前。而現實——通常跟錢有關——則是汽車的燃料，沒有它發動不了，不夠時也開不遠。

換句話說，現實與夢想並非哪一個重要的問題，而是排順序的問題。對我而言，兩個可以並行更好；若不行，我會選擇先把燃料準備多一點，先顧好現實再追逐夢想，並且計畫何時有能力追逐夢想。畢竟肚子餓了會限制人的視野，在有經濟壓力的情況下追求夢想，反而會讓你厭惡那個夢想。

唯一可以確定的是，能兼顧現實跟夢想的人是少數，所以必須做到少數人才能做到的事：付出更多的心力，擠出更多的時間，有必要時犧牲休閒娛樂，盡可能排除會阻礙自己的活動。

畢竟，錢可以再賺，夢想可以再追，但時間永遠不等人，你分配在哪裡，累積就在哪裡。

重點概覽／

- 失去的痛苦比得到的喜悅給人的感受更強烈，以至於人寧可避免失去也不願意獲得。
- 遇到兩難的問題要試著跳出問題的框架，拒絕回答兩難的問題，找出更多的選項避免掉入二分法的思維陷阱裡。
- 聚焦在作法上而非問題上，要讓問題從「該怎麼辦」變成「還能怎麼辦」。
- 一個決定後來之所以成為好的決定，與過程中事情如何進展有關係。

CHAPTER

3

思維的習慣

突破思考慣性，
重新創造你自己

聚焦思維：成功是留給懂得專注的人

有一則寓言型的故事你可能聽過，這個故事被解讀成各種版本在網路上流傳，不過我自己則有唯一的版本，親身體驗到的版本。

先說常見的版本。一位事業有成的商人終日工作，期盼退休後可以悠遊島嶼，去釣魚、看海、晒日光。某日商人難得抽空度假，在海邊散步時遇到一位正在捕魚的漁夫，他便停在一旁靜靜觀察。然而，眼見漁夫捕沒幾條魚就躺下休息，商人忍不住便趨前問：「海裡的魚那麼多，怎麼不再多捕幾條？」

「為什麼要多捕幾條？」漁夫回答。

「這樣你就可以拿去市場賣呀！賺到的錢可以拿去買捕魚工具捕魚，之後存錢再買船出海捕魚。」

「然後呢？而且我為何需要捕那麼多條魚？」

商人沒預料對方如此回覆，覺得有些好笑地回漁夫：「這樣你就能賺很多錢，然後有天不用再捕魚，擁有一棟房子安身，每天做自己想做的事，想釣魚時就來釣魚。」這是商人的建議，也吐露他的心聲。

「所以呢？我現在不就每天在海邊，做著自己喜歡的事了嗎？」漁夫聽完困惑地回答。

這故事起先會被流傳，是想譏笑那位商人的思維，覺得他只會盲目工作不懂生活。商人原本以為自己是在指導漁夫經商，卻被點醒自己才是繞了一大圈的人，而幸福早就在眼前。

後來有不少人從新的角度解讀，漁夫跟商人根本沒得比，商人的境界是想釣魚再釣就好，漁夫卻是每天非得捕魚不可，兩人對生活的主控權完全不同。有些人更因此衍生下定論，商人才是真正主宰自己生活的人。

聽起來好像都有道理，網路上兩方支持者都有。不過這故事對我來說特別不同，因為我是真的親身遇過類似情況。

那是在二〇〇四年去帛琉旅遊的事情。行程中有一天我們要搭船出海浮潛，隨行者除了中文導遊，也有一位當地的帛琉嚮導陪同。當我們去浮潛時，當地嚮導會在附近捕魚，作為當晚烤肉活動的主食。

忘了我當時跟中文導遊在閒聊什麼，總之得知帛琉因為群島分布、四面環海，所以魚肉自然成為當地人的主食，當地居民很多都是捕魚高手。一陣漫談後，我的視線無意識地環顧四周海景，接著瞥見一個畫面讓我印象深刻：那位嚮導正抓起一條魚，拿在手上看一看又丟回海裡。我旋即問導遊，為何嚮導要把捕來的魚再丟回去。

「喔，應該是他覺得那條魚太小了。」導遊淡定地回我。

「怕魚太小，遊客吃不夠是嗎？」我打趣地追問。

「不是啦，是他們習慣如果捕到太小的魚會放回去，他們覺得要等魚長大一些再吃，這樣才不會破壞魚的海洋生態。」

「意思是，他們只會捕大條的魚吃？」

「沒錯。」

「如果大條的魚被捕光怎麼辦？」

「他們好像沒這個煩惱吔！因為他們只會捕夠吃的魚就好。」

導遊的回覆完全出乎我的意料。我原本以為當地人的生活只是過得比較愜意，加上魚似乎隨時捕就有，所以不會去煩惱未來的事，沒想過他們只會捕足夠的魚吃就好。這跟寓言故事裡的漁夫還真有幾分相似。

「他們只會捕夠吃的魚就好。」在帛琉那幾天，我不時會想到導遊說的這句話，以及瞧見嚮導把魚丟回海裡的行為。一方面佩服當地居民不濫捕的默契，一方面我試圖釐清心中一股莫名的排斥感。這樣的生活方式聽起來有趣，卻又讓我覺得好像跟自己認知的價值觀有些不同，說不出哪裡不對勁。

自帛琉回來後，我偶爾還是會想起這件事，但依然沒有新的體會，這件事就在繁忙的生活中漸漸淡出。不過隨著出社會後學到的經驗變多，或者說遇到的困難變多，有一天我忽然想通這件事留給我的涵義：擁有太多機會不一定是好事，而專注做「已經夠好」的事情，其實是更重要的事。

有個原因，你我現在都活在「注意力悲劇」的世界裡。

機會愈來愈多，專注的人卻愈來愈少

一八八三年經濟學家威廉．洛伊（William Forster Lloyd）提出一個「公有地悲劇」的假設：雖然公有地的牧草開放給家家戶戶飼養的牛食用，但最終會演變成所有的牛都沒草可吃，因為只要有人先釋放更多的牛出來吃草，其他人也只能放出更多的牛出來搶食，地上的草將來不及生長而被吃光。雖然在當時學者只是假想會有這種情況，但後來卻真實在美國波士頓上演。

這個公有地悲劇的假設，如今我把它類比到現代人的心智。如果你把自己的心智看成一片土地，注意力是土地上的草原，眼前你遇到的各種資訊、機會則是那些牛隻，而這些看似充滿機會的消息，都在分散人的注意力，那些資訊會不斷吃掉你心智上的注意力，變成了「注意力悲劇」。

比如隨著網路普及，現代人隨時都能知道別人成功的故事，聽聞某個人因為一支影片而爆紅，某個人因為投資一檔股票而財務自由，某個人因為開了網路商店而賺錢，總之就是某個人做了某件事，取得令人嚮往的成功。

種種的成功故事，種種的成功機會，讓人趨之若鶩。

這一切看似合理，很多的成功故事，代表很多的成功機會，好像只要去做真的都可以實現。然而仔細想，其實並不合理。因為物以稀為貴，人會想要的成功往往都是少數人才能擁有，是需要花時間投入，需要專心、堅持才能實現的事。一個人把心思分散在愈多地方，愈難把一件事做好。

換句話說，**擁有很多的機會，其實是一種危機**。畢竟人的能力跟時間有限，如果任由注意力被瓜分，你將難以累積手中的成就，而且會一直周旋在不同的機會之中，一下嚮往這個，一下又被另一個吸引，你會更難看清楚真正適合自己的機會是什麼。在難以分辨的情況下，你反而錯過適合自己的機會，或是遇到機會反而遲疑，不斷糾結在何時才有好機會。

如同有人這樣比喻愛情：「沒有不適合，只有磨合。」尋找機會也是，很多的適合，是來自持續的磨合。找到喜歡的事情之前，總是要先經歷討厭的事；要成就未來的大目標，必須專注眼前的小目標，一天一天地磨合，一步一步地靠近。

專注做好一件事，夠好就好。這並非要人得過且過、不思進取，而是要人專心把眼前的事情做好，同時對自己的堅持付出擁有成就感。不要擔心因此跟機會錯過，你要相信，**當你可以把一件事做好，通常就能做好很多事，但如果你想把很多事同時都做好，往往很難做好任何一件事**。

擁有好機會當然難得，我不是要勸說你放棄眼前的機會，而是希望你培養專注的習慣，學會分辨眼前的機會，然後篩選對的事情再聚焦；先把一件事做很多次，再把一件事做到極致，後面就會跟著更好的機會。

專注一天的工作，專注一生的職涯

專注做一件事的習慣，根據不同的時段還有不同的意義。以安排一天的工作任務來說，工作時能不被其他事打斷注意力，一次專注三十分鐘到兩三小時，全心做好手上的一件事，完成後再做下一件事，一整天的工作成效會更好，每次工作時進入「心流[1]」的可能性愈高。

加州大學爾灣分校的學者葛洛麗雅・馬克（Gloria Mark）就經由研究發現，工作時若在不同的事項間切換，受試者就要花額外的時間，才能把思緒拉回到原本的任務上。縱使之後可藉由意志力趕工，彌補因切換注意力耗費掉的時間，但相較於專注做一件事的人，多工的方式會帶給工作者更多的時間壓力、心理負擔，帶來更大的沮喪感[2]。

你不妨回想，當你工作時突然被手機訊息切斷思緒後，要再重新回到原本的工作上，是否就要花費一些時間回想剛剛的進度？這就好像相機鏡頭切換對焦需要時間一樣，當你的思緒在不同的工作之間切換，你的大腦也需要花時間重新對焦。一來一往加上跑掉的工作節奏，無形中耗掉不必要的時間，你實際的生產力是下滑的。

有學者則用「注意力殘留」（Attention Residue）來形容這情況：工作者以為思緒已經

跳回到眼前的工作，但注意力其實還停留在上一個活動中，需要時間才能重新專注。

這感覺就像你的大腦原本是以火車的速度在工作，中途卻不斷地停站跟發車，一路上走走停停，速度就很難維持在高檔，一天如果被打斷的次數太多，你的專注力跟工作品質也很難提升。

目前這是指一天的工作週期，若換成從一生的職涯發展角度來看，在不同的人生階段朝思暮想不同的機會，也是不斷虛耗時間跟機遇，你長期的心力也會消耗在不同地方。以累積的策略而言，我們應該先在早期的人生階段專注在某個領域發展，或是培養幾個基本能力，再逐步累積新的能力拓展新的機會。

同時進行多項工作 vs 專注一項工作

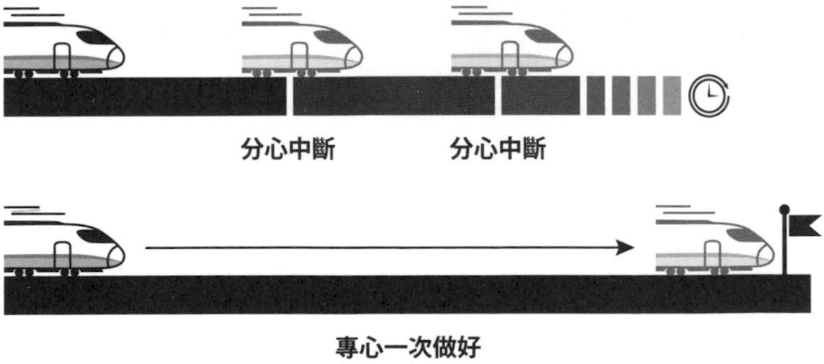

多工方式的注意力，就像大腦原本以火車速度在工作，中途卻不斷走走停停，速度就很難維持在高檔，將影響品質與效率。

以我自己的寫作經驗來說，因為文章慢慢在網路上擴散開來，逐漸收到各方的合作邀約，不過大部分都被我婉謝掉。雖然全部接下來可以快速增加收入，但我提醒自己應該要專注在當前的領域；無論是經營個人品牌，或是耕耘自己的寫作生涯，我都認為自己還有很長的路要摸索。除非必要，否則短期的利益應該要盡量捨去。

雖然近年來因為「斜槓」一詞的流行，讓不少人嚮往多元的工作身分，但實際上我所認識具有多元工作身分的人，並非一開始就從事很多工作，而是先專注在一個領域裡取得成就，再藉由該領域的成功跨足下一個領域，逐步成為別人眼中身兼多職的人。本書後面會再提到，將來的職場會需要更多擁有多重技能的人，但也不是指要一次學會很多事，而是先在一個領域中扎根，站穩腳步再逐步擴展更多的能力。

曾經有人在我的文章下方無奈地留言，他也是斜槓，他一天做三份工作。身兼多職的人很辛苦，我也讚揚努力為生活打拚的人，但我希望藉由此書傳達一個觀念：多元工作能力的關鍵不是在「多」，而是在「元」，從事很多相似度高的工作，只能表示身兼多份工作，唯有工作之間有差異，內容元素不同，才是扎實地累積多元工作能力。

事情很多，但不是每件事都值得做

你可以找一個清澈無瑕的夜晚，抬頭瞧瞧天空的月亮，銀光色的球面上其實有暗有灰；暗的部分多為月海，灰的部分有些則為隕石撞擊坑。這些月球上的坑洞幾乎都是上億年前撞出來的，其中有一個巨大隕石坑位在月球正面南極區，被人命名為阿蒙森環形山，用以紀念人類歷史記載以來，首位成功抵達地球南極點的人——挪威探險家羅爾德．阿蒙森（Roald Amundsen）。

不過，這個巨坑原先可能會被命名為另一個人的名字——羅伯特．史考特（Robert Scott）。至少當時的人認為他比較可能先抵達地球南極點。

作為英國皇家海軍的將領，史考特之前已成功征服數個杳無人煙的荒野極地，那次攻克南極的計畫也志在必得。何況他與探險隊先前已試著征服南極過，也是當時足跡最接近南極點的紀錄者。加上擁有國家級的探險隊人力、資源與經驗，都足以讓二十世紀初的人斷定史考特會是先抵達的那個人。

可惜，天不從人願；不知道史考特在嚥下最後一口氣前是否也這樣想。因為規劃失策，加上氣候因素對遠征不利，最後他不只比阿蒙森晚約一個月才抵達南極點，更在回程途中葬身在冰雪底下，永眠於南極。

消息傳出後，各方人士逐一盤點史考特團隊此趟探險的過程，認為他們從一開始在籌備上就出錯，花了太多不必要的資源企圖應付各種情況，因此才無法順利返回。這聽起來有點放馬後炮，但細究原因似乎也真是如此。何況一個聲名遠播的將軍因探險失利而離世，任何消息都會被放大報導。

然而，我們應該更好奇的是，為何阿蒙森領軍的挪威探險隊會更早抵達？

答案是，阿蒙森的探險隊只專心做一件事：培訓最厲害的極地犬。他與團隊從一開始就以挑選優良的極地犬為主，並且聘請一流訓練師來培養。反觀史考特團隊囊括國家級的豐富資源，總共準備了五種不同的交通工具當作備案，卻也因此要花五倍的心力照顧，要安排更多的人力維護，攜帶更多的糧食，同時間不同交通工具的行進速度又不一，為了維持隊形更是拖慢速度，最終輸掉這場世紀對決。

其實史考特的策略我認為沒有錯，多做準備並沒問題，而且以結果論來看，如果最後勝出的一方是他的探險隊，或許世人會改讚揚他們準備充分，推崇領導者史考特的深思熟慮。

這趟極地行並不會抹煞史考特的事蹟，他依然是史上偉大的探險家之一，但他的故事也值得啟發世人，如果連擁有如此豐富資源的人都會失策，何況是個人資源有限的我們。

如同阿蒙森說：「勝利是留給凡事都準備好的人，但一般人都以為只是運氣好。③」專注做好一件事，因為每個人的資源都有限。我們的時間有限，金錢有限，注意力有限，能負載的訊息有限；相較於把心力分散去做很多的事，專注做最重要的事才是最好的方法。

可以的話，請把這句話牢記在心：**最重要的事，就是把最重要的事，當成最重要的事**。在這世上，真的有太多無關緊要的事在虛耗人的生命，不只是工作上的雜事，生活中也有很多不重要的事、訊息、新聞事件在奪取人的注意力跟時間，導致日子一晃眼就是好幾年過去，對人生真正重要的事卻沒多少進展。

隨時提醒自己把最重要的事當一回事，工作一定很忙，事情一定很多，但絕對不是每件事都值得去做；就算要做，也得分出順序才行。

重點概覽／

- 過多看似充滿機會的資訊，會不斷分散人的注意力，造成「注意力悲劇」。
- 多工的方式會在工作上引發更多的時間壓力、心理負擔，帶來更大的沮喪感。
- 要發展新機會，應該先專注在某個領域發展，培養幾個基本能力，再逐步累積新的能力拓展新的機會。
- 多元工作能力的關鍵不是在「多」，而是在「元」，當工作之間有所差異，才是累積多元的工作能力。

價值思維：早上三分鐘，決定你往後三年的人生

「沒有做得完的工作。」

這是我在職場那三年，聽到最受用的一句話。會如此深刻，是因為這句話不是出自哪一位消極的同事口中，而是一位有能力的高階主管。如今隨著工作經驗變多，我更是體會出深藏其中的涵義。

歷史學家帕金森（C. Northcote Parkinson）解釋過一個定律：「工作會不停擴張，直到填滿所有時間為止。」人會自然地依據擁有的時間實現工作進度。舉例而言，在合理要求下，給人一小時做一件事，多數人就會花一小時完成。給到三個小時完成同樣的事，多數人就會用三小時來完成。

所以，問題永遠不是工作能否做得完，而是需要多少時間做完，還有那件事值得你花多

少時間去做。需要多少時間做完，跟事情的難易度有關；值得你花多少時間去做，跟事情的輕重緩急有關。

艾森豪矩陣好用，但可惜違反人性

要能分辨事情的輕重緩急不容易，因為人的本能，常在阻礙自己區分真正的輕重緩急。

德懷特．艾森豪（Dwight Eisenhower）是二戰時期盟軍最高指揮官，據說他做決策有個法則，會依照問題的輕重緩急把事情分成四個類別：緊急且重要、緊急不重要、不緊急但重要、不緊急也不重要，這方法被後人譽為艾森豪矩陣（The Eisenhower Matrix）。乍看之下，這是一個直覺好用的

艾森豪矩陣

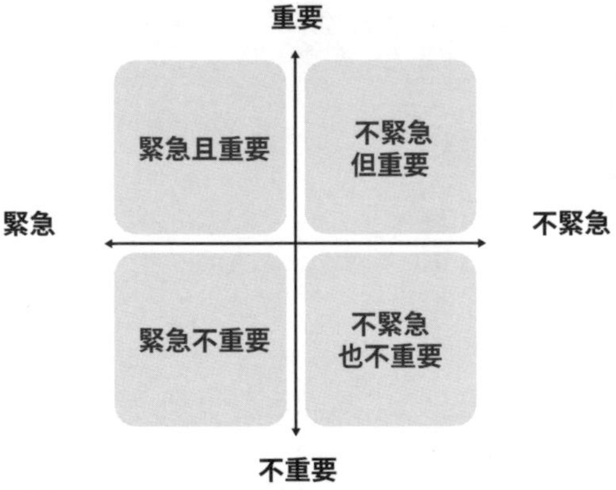

依照問題的輕重緩急把事情分成四個類別：緊急且重要、緊急不重要、不緊急但重要、不緊急也不重要。

決策系統，執行起來卻違反人性，導致這矩陣看似簡明扼要，卻不是人人都能上手。

首先，緊急且重要的事，每個人肯定都會馬上去做。

幾年前某天我的手機突然響起，螢幕上顯示的號碼來自一家熟悉的醫院，是我母親常年看病的那家醫院。頓時內心有股不祥的預感，當下慌張地接起來。

電話那頭的醫護人員告知，我母親出了意外跌斷脛骨，目前正躺在急診室的病床上，需要有家屬在現場確認手術開刀事宜。當時我人在北部，醫院位處臺中，開車前往也要幾個鐘頭。

然而這件事對我來說既為緊急，又為重要，根本不用遲疑，我想都沒想立即取消當日工作行程，連高鐵也不搭了，趕緊包一輛計程車直奔醫院。一上車我看似平靜地跟司機說，有急事需要趕緊到臺中的醫院，請在不違規的情況下盡可能加快車速。雖然知道開快車會有危險，但當時我實在顧不了那麼多。

所幸，當晚手術順利結束，眼見執刀醫生從手術房走出來，我的心情也才從懸空的狀態回到地表。

●●●

緊急且重要的事，不需人催促都會立刻去做，這類事情也是艾森豪矩陣裡的首要之務；

如果你手邊有緊急且重要的事，趕緊去做就是。矩陣中「違反人性」的地方在於這兩類：緊急但不重要的事情，還有不緊急但很重要的事情，這兩種類別都考驗到人對未來事件敏感度低的特性，導致我們容易被緊急但其實不重要的事情吸引，就算做了得到的價值也不高；還有，我們也容易一再忽略不緊急但很重要的事，錯過提早去做的時機。

專門研究時間的史丹佛大學心理學教授蘿拉・卡斯藤森[4]（Laura Carstensen）發表過一項實驗，結論是人除非被指示要去思考未來的事情，否則很難為長遠目標付出行動。在實驗中她把對象分成兩組，一組人會在虛擬的數位鏡子中看見變老後的自己，另一組人則是看見當下的自己，如同平常照鏡子的感覺。最後研究人員會問實驗對象，願意存多少錢為退休做準備，看過自己衰老樣貌的那組人，願意存的退休金金額，平均起來比另一組人多一倍。

從人類演化的角度來看，「短視近利」是再合理不過的事，畢竟在有一餐沒一餐的遠古時代，想著未來的事根本不切實際。換成從心理學角度來看，人也有「維持現狀的偏見」（Status Quo Bias）的盲點，會過度重視眼前的事，看輕未來事件對我們的影響。

由此可知，如果沒有像那些實驗對象遇見老後的自己，刻意思索未來的事，人就會降低對未來的敏感度，不把未來當一回事。直到有天做那件事的必要性變緊急了，才感覺火燒屁股要趕快想辦法。

今天的做事品質，決定未來的人生品質

不過話說回來，艾森豪矩陣執行起來雖然違反人性，但它只是不適合拿來分辨短期的事情，用作思考長遠有價值的事情，就是一個好用的矩陣。我自己依然會用這個矩陣來釐清當前應該要專注什麼，還有不應該再做哪些事，以免未來真正重要的事情被延誤到。

如同艾森豪將軍說的這句話：「緊急的事通常不重要，重要的事從來都不緊急。⑤」在我看來，這句話的涵義就是要人把眼光放遠，養成長遠思考的習慣，提早為重要的事情做準備。因為縱觀人的一生，往往都是由幾件重要的事決定走向。

更確切地說，人每一天的做事品質，都在決定未來的人生品質。養成每天早上花三分鐘分辨事情優先順序的習慣，晚上回顧當天是否都忙於不重要的事，不出一年、最多三年，你一定會感受到手中事情的成效愈來愈高。

所以，養成習慣隨時聚焦在有價值的事情，將會讓你工作與人生聚焦在對的地方。除了可以克服拖延，具備價值思維的人，也會花更多時間在做真正重要的事情，而不是一直處理火燒屁股，但可能效益不大的事。

先想好未來的自己要去哪裡，才能定位現在的自己該做什麼。我們都應該要如同那些看

過自己老態的人，練習如何站在「現在」的位置，思考「未來」的價值。我稱這過程為「把未來拉到眼前」，效果就如同前面看見自己衰老樣貌的實驗。

下一篇，我們就來看如何養成長期思維的習慣，把未來拉到眼前。

重點概覽／

- 人的本能會阻礙自己區分真正的輕重緩急，因此要分辨事情的輕重緩急並不容易。
- 緊急不重要跟不緊急但重要的事情，兩者都違反人的本性，考驗人對未來事件敏感度低的特性。
- 艾森豪矩陣雖然不適合拿來分辨短期的事情，但適合用作思考長遠有價值的事情。
- 養成習慣隨時聚焦在有價值的事情，讓工作與人生聚焦在對的地方。

長期思維：三步驟，把想要的未來拉到眼前

每隔一段時間，電視劇就會出現穿越時空的戲碼，人們對穿越時空的題材就是感興趣。確實，如果可以打破時空的限制，人類可以做的事情就多了，擁有的生命寬敞度更是難以想像。這也是科學家著迷的領域：如何讓人的時間像播放影片般，可以任意前後拉動時間軸，在過去與未來之間遨遊。

以目前的科技進展來看，以後能去到未來的可能性，應該還是比回到過去高出許多。因為如果要回到過去，會需要克服諸如「祖父悖論⑥」的問題，目前科學上並沒有確定的解答。但去到未來就給人足夠的想像空間，如果某天人類成功實現長期冬眠，代價又對健康無虞，到時人只需睡個數十載，躺著眼睛一閉一睜就是未來。

很有趣，光是知道要回到過去是違反常理，但又想到人類去到未來是有可能，就足以啟

發現在的我們：**人，不應該執著於無法改變的過去，而是要放眼充滿機會的未來。**

不過機會終究只留給準備好的人，所以我們要培養用長遠角度看待現在的習慣，要先把未來拉到眼前。

步驟一 想做什麼：設定可執行的目標

把未來拉到眼前的概念看似抽象，但它可以具體化為三個步驟：想做什麼，該做什麼，以及縮小問題。

第一個步驟，想做什麼，是設定你要達成的成就，把未來想要實現的目標寫下來，而不是讓它們停留在腦袋之中。

你應該要把目標寫出來（數位化也可以），因

人無法改變過去，但可以放眼未來。

為人的記憶能力實在不算可靠，畢竟人的大腦天生是用來處理事情，不是用來記憶事情，如果你不把未來的目標明確地從腦袋當中提取出來，目標隨時會被眼前緊急卻不重要的事情給掩蓋過去。把未來想達成的目標寫出來，讓現在的自己看見，這就是把未來拉到眼前的第一步。

許多人都聽過一個關於目標的研究：根據哈佛大學追蹤，在校期間有明確寫下目標的同學，後來的社會與經濟地位，比沒有寫目標的同儕高很多。就連有設定目標但沒實際寫下來的人，成就也比完全沒有設定目標的人好不少。

不過原諒我潑冷水，這實驗只是個謠傳，因為哈佛校史中並無此研究的記載，更別提有的版本不是出自哈佛而是其他名校，卻有著如出一轍的實驗結果。

但不打緊，因為把目標寫下來確實有幫助。根據一份「真實」的退休金調查報告，統計來自全球超過十二萬人的數據，那些年輕時有計畫退休金目標的人，實現的機率比沒寫目標的人多出四四%[7]。若以資產來看，定期檢視目標的人，擁有的退休金金額比沒目標的人多出快一倍。

強調一下，這份報告是針對相似的背景來統計，依照相同的收入水平、工作型態、家庭規模來分類跟比對，已經排除成長環境與條件不同的影響。換句話說，如果你期許自己比同輩人取得更好的成就，你只要多做一件事就好：把目標寫下來，並且定期回顧它們。

剛剛舉的是業界的例子，學術方面也有相關的研究：加州多明尼克大學的心理學教授蓋爾．馬修（Gail Matthews），她搜羅來自世界各國人實踐目標的差異，年齡從二十多歲到七十多歲，也發現那些有寫下目標的組別，四週後完成的進度與成果，會比沒有寫目標的組別多了將近五〇%。

有其他研究則發現，類似用「盡力而為」（do your best）這種缺少目標依據的話語來勉勵人，成效不如給予一個具體、有難度的目標；而且有目標還可以避免做事毫無章法而費時。在一份集結長達三十五年研究的報告中，學者總結設定目標有四個明確的幫助[8]：

一、目標具有指示的作用，可以將人的注意力聚焦在任務上。

二、目標能起到激勵的效果，可以讓人更願意努力。

三、目標會影響毅力程度，可以讓人更堅持在困難的事情上。

四、目標會促使人尋求相關的知識、解決方法來增強行動力。

對於把目標寫下來，容我再分享一個自身經驗。我偶爾會在電腦中寫下五到十年後想實現的事，設定的目標都是大方向、沒有細節的內容；比如希望在幾歲之前有多少收入，能夠完成什麼工作成就等等。

說實話，雖然那些目標並非不切實際，可是我在寫的當下也沒多少把握可以達成，而且是寫完之後就沒再去理會，都是等隔幾年想到時才會查看。

但已經發生不只一次了，每當好一陣子我再回來看，發現縱使當時沒有把執行目標的細節寫下來，許多目標還是在幾年內一一實現。雖然沒有科學根據，但我猜測人的大腦就算不是用來記憶事情，但它還是會用某種方法在潛意識中悄悄記錄了什麼，所以平日的行為就會默默地朝那些目標前進。

這就是步驟一把目標寫下來的用意，從大腦中翻出你想做什麼事情，把未來拉到自己的眼前，知道此刻的自己應該做什麼。

我喜歡把人生看成一趟需要探勘的旅程，生活中那些日常瑣碎之事就如同路上的芒草，如果不定期清理，芒草就會不斷滋生，許久之後就會遮蔽掉行走的道路。而設定目標就是提醒自己該去的方向在哪裡，思索自己當前人生處於哪個位置，思索自己到底周旋於當前的事物值不值得。

用一句話來形容：**目標會在大腦中，指引一條你目前還看不清楚的路**。而這條路也會銜接到把未來拉到眼前的第二步：此刻，你該把注意力用在什麼地方。

步驟二 該做什麼：訂出達成目標的計畫

當你把未來想做的事寫下來後，它就開始朝你靠近了。但還不夠近，因為未來的目標通常是幾個月或幾年後的事，是將來要實現的事，不是你現在要執行的事，兩者之間還需要一件事把它們串聯起來，那就是撰寫執行計畫。

大學一年級時我因緣際會接觸到跳舞，某次與朋友閒聊到創辦熱舞社的可能，當時只知道學校缺少這麼一個社團，但實際上該怎麼成立、怎麼招募社員，我與朋友毫無頭緒。起初我們也只是當作玩笑話，畢竟那時我們才剛入學不到一年，彼此都沒經營過社團，所以這話題就沒人再提起。

好在，我們沒有就此斷念，否則創社的目標就只是妄想。約莫一個月後我們又聊起創社的可能，並開始認真討論創辦社團需要解決的問題，接著就把創社需要的計畫訂出來。

有趣的是，當我們把創社的計畫陸續寫下來後，問題也就跟著全被突顯出來。那一瞬間我們有些慌張，眼前大大小小的問題全混在一起，完全不清楚該怎麼辦，而我們有的只是熱情。是知道要跑很多流程，但要從哪裡開始？草創時需要基本社員，但要去哪裡招募？成立社團需要提報資料，但那些資料要怎麼生出來？

不過在做完計畫後，我們對達成目標的信心也稍微篤定些，經過討論後就趕緊收集成立社團的資料，並詢問校方協辦人員了解草創的過程，在申請截止日期前把創社的計畫書交出去，最後成功創立社團，隨後幾年還成長為學校大型社團。

這經驗跟我後來成立公司的流程類似，起初也是慌張得不知道要做什麼。雖然市面上有協助成立公司的服務，但有哪些公司法規要注意，該如何制定員工的發展方向，公司營運的收支要如何平衡，這些都是令我不知所措的事。此時學生時期創社的經驗就幫到我，在設定好成立公司的目標後，接著就是把達成目標中間需要的計畫訂出來，把通往目標的路徑規劃出來。

這就是訂計畫有助於實現目標的原因，如果把目標視為要登上高樓，一份計畫就是在搭建途中的階梯。

關於計畫，我曾聽過一種說法：有目標而沒計畫的只是妄想，有目標也有計畫的才是理想。所以當你在步驟一設定好目標，步驟二就是著手列出計畫，讓你的目標是個理想而不是妄想。

至於如何實踐未來的目標，中間需要做哪些事情，也許你對執行過程的細節還很模糊，而且訂計畫時你還會煩惱自己的能力不足。但別擔心，就跟我創社還有創業的經驗一樣，訂計畫的目的不是要就此解決問題，而是先把需要克服的問題列出來，看清楚目前有待解決的問題在哪裡，接著就可以進入步驟三：把問題縮小化。

步驟三 縮小問題：聚焦眼前的第一步

當你把想做的事寫下來，也把如何去做的計畫訂好，我是很想直接對你說：「還等什麼？趕緊去做計畫中要做的事！」

但我知道這沒想像中簡單。一來人可能會陷入一種心理認知的盲點，大腦覺得寫完目標就以為你達成，反而失去動力執行。二來人如果一次面對太多的問題，信心容易崩解，執行力反而下降。

所以，開始行動前我們要試著把問題縮小，當你把大問題分解成小問題，會更有頭緒面對問題，進而找到解決的方法；這道理跟拆解目標相同。

至於如何縮小問題？你可以從一個關鍵的問題開始：

此刻我最需要解決的問題是什麼？

人的大腦就是這樣，縱使你自己還一知半解，但只要你對它提問，它就會思考，然後回應你一個最可能的答案。這跟日本豐田汽車的「五個為什麼」管理技巧類似，透過不斷地探尋，一步一步拆解問題。

同樣，為了達成未來的目標，中間需要做哪些事情，也許你此刻還不知道細節，但對自己提問有助於你把問題的範圍縮小化。

比如你設定的目標是工作轉職，訂出的計畫是在一年後成功轉換跑道，你接著就能問自己：此刻最需要克服的問題是什麼？換新工作需要什麼技能？在工作之餘有多少時間可學習新能力？你現在需要哪些人脈來幫助你，需要認識哪些人？

或者你打算寫一本書，你的計畫是增進寫作能力，你可以問自己：有什麼方法能夠練習寫作能力？此刻最需要克服的問題是什麼？若要建立個人品牌，此刻有什麼寫作平臺適合你，你有什麼技能、經驗可以分享在網路上，幫助到跟你有同樣需求的人？

或者你的目標是存到某一筆錢，你可以問自己：只靠每個月儲蓄的話，需要多久的時間才能存到？此刻最需要解決的問題是什麼？如果想要提前存到，每個月的支出應該如何調整？目前的收入有辦法實現嗎？如果短時間收入不太可能增加，此刻最需要調整的生活支出是什麼？

以上例子都是在把未來想達成的目標，中間有待執行的計畫，縮小為你當下就能處理的問題。設定好大方向，接著就是聚焦在當下就能做、也應該做的事，這即是把未來拉到眼前的三個步驟。

讓未來變成自己想要的模樣

你要相信，我們的大腦潛能絕對比自己所認知的還強大，試著把大腦當作許願池，對它提出跟目標與計畫有關的問題，而且愈具體愈好。不要擔心提出的問題是否有辦法解決，步驟三依然是疏理而非執行的階段，但如果你不先疏理，可能好一陣子都不會有念頭執行，也無法在繁忙的生活中分出事情的優先順序。

我常用這句話提醒自己：「不是問題太大，是自己目前的能力太小。」這不是在貶低自己，

把問題拆解與縮小範圍

不要一開始就挑戰最難的問題，要縮減問題範圍，先解決小問題，慢慢在過程中逐一克服所有問題。

而是引導自己別一開始就挑戰最難的問題。把問題縮減得愈小，此刻的能力愈有辦法解決，過程中你也會隨著解決問題而成長，逐步克服計畫中所有的問題⑨。

我相信你也有過一種體會，在經過幾年後回顧曾經困擾自己的問題，才發現那些問題看起來好簡單。但實際上不是問題真的變簡單了，而是你的能力變更強了。

讓自己變強，讓自己的未來更接近你想要的樣子，這也是培養長期思維習慣，把未來拉到眼前的目的。

重點概覽／

◆ 把未來拉到眼前三步驟：

步驟一 想做什麼 **設定可執行的目標**

寫下目標並定期回顧；設定目標是提醒自己該去的方向，目標會在大腦中指引一條自己目前還看不清楚的路。

步驟二 該做什麼 **訂出達成目標的計畫**

訂計畫的目的是先列出需要克服的問題，看清楚目前有待解決的問題有哪些。

步驟三 縮小問題 **聚焦眼前的第一步**

先把問題縮小再開始行動，會更有頭緒面對問題，進而找到解決方法。

正向思維：不是你不夠努力，是這個世界不講道理

我從大學就開始體會到，原來成功不能缺少運氣。

事情是發生在研究所考試前一晚，我與同學先入住新竹市市區的旅館，隔天一早會直接前往交通大學考場。辦理好入住手續並在房間稍作休息後，我趕緊拿出筆記本把握時間研讀。或許那時只想求個心安才複習筆記，畢竟已經花了一年多的時間來準備，該掌握的內容皆已熟悉，原則上一晚的溫習應該對考試結果影響不大，關鍵還是在臨場發揮⑩。

只是現在回想起來，多虧了那一晚的堅持，我才有幸擠進研究所的窄門。或許我也是從那天開始，成了「凡事要堅持到最後」的信徒。

已忘卻當天是第幾堂的考試，應考科目是我還算拿手的電子學，所以當下的心情還算平靜。然而當我翻開考卷瀏覽題目後，我的內心卻忍不住亢奮起來，激動到我必須不斷地跟自

己說：「要冷靜，千萬要冷靜！」

亢奮，是因為考卷上有一道我再熟悉不過的考題，題目的原型正來自昨晚我溫習過的筆記。我一直以來都不算是個走運的人，各種中獎機率很少有我的份，連當兵都抽到唯一且沒人想去的部隊，所以考試那天我翻開考卷時，一開始真有點擔心自己只是看錯。

要在考試前溫習到考題已經實屬難得，何況是一所大家汲汲營營想要錄取的學校？當我正式入學後也更加確認，這件事不管發生在誰身上都算走運，因為交大教授平時在期考上出題就非常靈活，研究所考題更是絞盡腦汁變化題型。何況我在那晚溫習到的考題原型，其實是教科書中非常冷門的題目，解題上不只繁瑣，運用到的觀念更是廣泛。

所以當我看到那道考題時，雖然亢奮，也有些焦躁，但隨即告訴自己要冷靜下來。雖然前一晚才複習過解題的流程，但眼前依然是經過變化的新題目，需要用上許多觀念。我知道我走運了，接下來就是平穩地發揮實力。

主觀來說，我認為自己之所以能考取研究所，是因為我準備了一年多的時間，犧牲許多休閒娛樂，每天一早衝圖書館，晚上固定時間就寢，這部分是歸功於我的努力。但客觀來說，我也不會否認這之中包含了運氣，縱使那是我堅持到考前最後一晚才有的好運。

成功，是需要運氣的，如果有人告訴你，他的成功完全沒有運氣的成分，我會勸你好好思考他說的每一句話。若以網路時代來說，成功受運氣影響的比例更是明顯。

成就來自能力加運氣

只要是競爭場合，實力一定能主導結果，然而現代人在追求成功上，受運氣影響的成分也愈來愈多。

當然，如果是從極端的角度來衡量一個人成不成功，比如說要成為某個領域裡的前一％，要成為雄霸一方的企業家，或是擁有鉅額資產的富人，實現的難度確實非常高，也更難用常理區分實力跟運氣之間的比例，畢竟那些人本來就是少數中的少數。不過，若你的目標不是追求極端的成功，而是比多數人成功就好，運氣確實就有明顯的影響了。這可以用一條簡單的公式來理解。

成就 ＝ 基準能力值 ＋ 運氣

在以前，因為要取得資訊跟知識不容易，一個人當下的基準能力值，跟自己的學習能力乃至於天賦都有關。所以在過往，人的成就受自身能力影響的程度很大。

舉例來說，假設A跟B是兩個年齡相仿的人，從學校畢業後，A很努力地工作與學習，十年後基準能力值來到了一百點。B的發展較慢，培養的基準能力值只有六十點。假設運氣影響人的成就是正負十點，那麼B就算是運氣最好的時刻，成就也只會上升到七十點，A在運氣最差的時刻，成就也只會降到九十點。

換句話說，A在最衰的情況下，成就還是比B在最好運時來得高。從另一個角度來看，A跟B兩人的基準能力值差了四十點，運氣的影響是正負十點，也就是最多影響二十點，因此運氣頂多縮小兩人之間五〇%的差距。

不過現今因為有網路，訊息跟知識的傳遞非常高效，基準能力值的差距已經不容易拉大。有可能你只是早一步得知某個知識，或是學到工作中的一種技巧，但過不了多久，這些知識跟技巧就會經由網路的擴散被其他人也習得。好比以前要學習電腦文書表格的進階技巧，可能要花幾個星期研究厚厚的一本書，坊間還有機構會開班授課發證書，但現在只要上網看完文章或影片教學，不到半天就獲得那項技能。

其他能力如學會一種程式語言，烹煮一道菜，或是設計一場流暢的簡報，甚至是練就基本寫作技巧，養成解決問題的思維，如今都可以靠自學的方式在網路上縮短學會的時間。

在知識取得如此便利的情況下，前例中A與B兩人的基準能力值在現今的差距將縮小，如果A依然是一百點，B只要抱著主動學習的心態，可能也來到八十點。而當兩人的能力值差距縮小後，所擁有的成就受到運氣影響的程度就變高了。因為兩人的能力差距縮小到只剩二十點，運氣正負十點的影響就從最高五〇%變成最高一〇〇%，有可能A在努力但不走運的情況下，成就跟B也努力且很走運差不多。

培養樂觀面對困難的態度

依照目前網路與科技發展的速度，資訊與知識交流只會愈來愈有效率，同儕的基準能力值差距將持續縮小，運氣影響的比例也會變更高，甚至出現你明明很努力，卻抵不過別人一次的好運。

運氣影響成就，在網路時代比過去更明顯

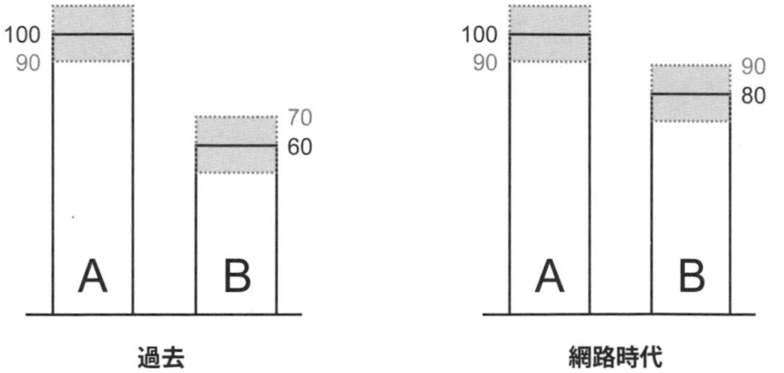

過去時代資訊取得不便，A 的基準能力值為 100，B 為 60，成就受運氣影響若是正負 10，在 A 不走運與 B 很走運的狀況下，成就還是 A 高於 B。

網路時代知識取得便利，A 的基準能力值仍為 100，B 則為 80。成就受運氣影響若是正負 10，在 A 不走運與 B 很走運的狀況下，A 和 B 的成就是相等的。

這就是前面所說，為何一個人的成功會愈來愈受運氣影響的原因——不是運氣太重要，是成功相對變簡單。

何況，運氣影響成就的例子存在於古今中外。《史記》就記載：「力田不如逢年，善仕不如遇合。」努力耕田不如碰到一次豐收年，善於做官不如遇到一次好機會。看來運氣如何影響人們，早就不是現代人的困擾。

然而，這是否代表我們就不需要努力了？不，你還是必須努力，努力追求你想要的成果，只是不要過於在乎結果，至少不要羨慕別人擁有更好的成績。因為就算你花很多時間努力，你的基準能力值或許只能跟別人拉開十點的差距而已，但別人有可能因為運氣比你好，就彌補了你們之間十點的差距。你可以說這有些不公平，但這世界本來就不跟人講道理。

簡言之，**努力過後，就不需要那麼在乎成果，而是要看淡成果**。

我常回想，當時運氣確實幫助我考取學校，因為當年肯定有比我還用功，比我還努力，比我還聰明的人，但或許因為運氣差而落榜。但不諱言，我自己也付出一年多的努力，把握任何時間讀書，每天吃著一樣的三餐，在同個時間熄燈與起床。考前那晚我是好運，但也因為我之前夠努力，才足以接住那次的運氣。

從考取研究所那天開始，漸漸地我也更明瞭了，為什麼歷史上那些成就非凡的人，以及身邊的成功人士，大部分都是謙虛的人。因為他們知道，自身的成就不是單靠一己之力就能達成，裡面有實力，有努力，也有運氣，無論多寡。

所以，無論你現在的成就是否符合自己預期，都希望你能給自己足夠多的肯定，千萬別因為外顯的成就沒他人好，就看輕自己的付出。保持正向思維的習慣，並不是為了逃避現實，也不是刻意安慰自己，是以正確的角度解讀世界，以樂觀的態度面對困難。有趣的是，當你具備正向思維的習慣後，運氣，也會開始往你身上靠過來。

重點概覽／

◆一個人當下的基準能力值，跟自己的學習能力乃至於天賦都有關，所以在過往取得資訊跟知識不容易的情況下，人的成就受運氣影響較小，受自身能力影響程度較大。

◆現今因為有網路，訊息跟知識的傳遞變得很有效率，基準能力值的差距會逐漸縮小。

◆無論現在的成就是否符合自己預期，都要對自己有所肯定，保持正向思維的習慣，以正確的角度解讀世界，以樂觀的態度面對困難。

主動思維：創造機會，靠自己把好運最大化

傑克．惠特克（Jack Whittaker）的幸運，恐怕不是每個人都想要的幸運。惠特克曾經是單張威力球彩券最高獎金得主，獎金高達約九十億臺幣。而且他跟一般所謂的樂透得主「翻身」不同，在購買那張彩券之前，他已經是一位建築業的成功商人，擁有將近五億臺幣的淨資產。更別說他平常並不熱衷買樂透彩，只有在獎金超過約三十億臺幣時才會試試手氣。

而那次看似幸運的好手氣，卻在中獎後招來一連串的厄運。

在獲得鉅額財富後，惠特克受邀上了全國性的節目，在當地成了家喻戶曉的名人，也成了眾所周知他口袋裡有滿滿意外之財的人。根據惠特克自己後來的說法，他自從中樂透後，覺得周圍的人都是因為錢才接近他，而且不時有陌生人要求他給予金錢協助。

此外，惠特克自從中樂透後開始沉迷於賭博與酗酒，同時大力擴張事業的版圖，業績卻反而開始下滑。更難過的是，其孫女在學校被同學另眼相待，更漸漸染上了毒癮。某天在被家人通報失蹤後，孫女的屍體被人在一輛垃圾車旁找到。

無人知曉惠特克最後是否花光了財富，但故事來到這裡已經令人不勝唏噓。

好運要等時機出現，但好事能靠自己發現

運氣一直是個抽象的概念，它無法被掂量，也就無法被複製。發生在某人身上的幸運，對另一個人來說可能是壞運；當下的好運，有時在未來反倒成了綁住人生的繩索。

幸不幸運，不只是看一個人迎接它的態度，若是禁不起時間的考驗，誰都無法說此刻的幸運，肯定能兌換到將來的幸福。

但話說回來，多數人應該還是希望自己就是幸運的寵兒，我自己就希望是。若在有努力的前提下，成就能夠因為運氣而被放大，心中想必會更感欣慰。只是，人要如何捕捉幸運？這裡頭有不少心理學相關的研究，其中有兩位學者提出令人深思的觀點。

第一位是前面章節提過的學者李察·韋斯曼，他針對運氣做過許多研究，而且研究方法

很不尋常。好比有個實驗如下：他先在路旁租下一塊廣告看板，徵求自認幸運跟不幸的人，最後約有四百位受試者自願參與。接著韋斯曼請他們去一家咖啡廳買咖啡，但他沒有透露的是，研究人員已經事先「掉」了一張五英鎊的紙幣在店門口，同時安插幾位演員喬裝客人在店內喝咖啡，目的是要觀察這些受試者的行為。

結果顯示，那些自認幸運的一組人，有較高的比例能發現地上的五英鎊，又會在買好咖啡坐定位子後，主動跟旁邊的演員攀談互動。而自認不幸的另一組人，比較容易忽視地上的鈔票直接走進店裡，買完咖啡後也通常獨自一人沉默地喝咖啡。

韋斯曼結合其他的研究成果後，整理出四個捕捉幸運的法則：

一、要創造機會，靠自己把好運最大化。

二、要觀察現象，用心聆聽自己的預感。

三、要期待好事，不應該被動等待機運。

四、要翻轉心念，試著把壞運變成好運。

考量中西文化差異，以及可能侵占別人財產的考量，撿起地上鈔票的人數應該少很多，但幸運的人會主動發掘周圍的好事，我相信是真的。

好跟壞都是運氣的一部分

另一位研究幸運的學者，是史丹佛博士婷娜・希莉格（Tina Seelig），她輔導過許多創業計畫，深刻體會到創新在成功跟失敗之間，絕不應該忽視運氣的影響。她也提供三個捕捉幸運的方法：踏出自己的舒適圈，感謝幫助你的人，以及從壞點子中看見好的那一面。

仔細觀察，這兩位學者的研究有一個共通點——想要有好運，你要願意突破自己，多留意周圍好的事情。

希莉格對運氣還有個看法，認為人並無法單純享受好運而規避壞運。好比失去工作是壞運，卻同時得到充足的時間摸索接下來該走的路。找到新工作是好運，但也代表要重新融入陌生的職場環境。好運跟壞運是一體兩面，不能分開來看，也無法分開來看。

關於這點，她在自己身上就驗證過了。

過去有段時間，希莉格一直想把她的研究寫成書出版，某次她在飛機上恰巧結識一家出版社的發行人，閒聊後她向對方提出自己的出書想法。發行人基於對市場的敏銳度，評估她的內容較難以受到市場青睞，因而當場禮貌性地回絕。事後，在一場學校邀約的活動中，那位發行人反倒對她的學生所研究的內容有出版興趣。希莉格得知後難免失落，不過她沒有因此心生嫉妒，而是積極幫學生跟出版社牽線，結果一場巧妙的機遇就此展開。

某次希莉格陪同學生參加出版會議時，出版社編輯對希莉格寫書的點子重新做了評估，沒想到該編輯對內容的想法，以及預估市場接受的程度，都遠比發行人的見解來得樂觀，編輯因此決定邀約她出版。結果，書本一推出大受讀者歡迎，後來累積超過百萬本的銷售量；在此只能說老闆不一定是對的。

我喜歡希莉格如此形容幸運：「幸運很少像閃電般戲劇化且單獨地出現。幸運更像是一陣風，有時吹的是微風，有時吹的是狂風，有時則會從意想不到的方向吹過來⑪」。

幸運就像風，沒有人可以控制風，但每個人都可以享受風。

幸運來自比以前主動一點點

歸納兩位學者的研究，我認為幸運來自這兩個字：主動。

雖然每個人的個性都不同，有些人可能視主動為壓力，但至少有一種主動是我們都能做到的：習慣看見自己的好，還有習慣看見周圍的好。正如實驗中有發現地上五英鎊紙鈔的人，以及希莉格為自己得到出版書的機會，兩者皆是因為主動看見自己周圍的好，習慣用正向的角度解讀發生在自己身上的事。

運氣確實存在，但了解它並不是要把成敗寄託於運氣，而是不讓自己困在一時的得失之中。無論此刻運氣是否眷顧自己，還是先降臨在他人身上，你的努力一定都會陪著自己。

如同我曾經寫下的這句話：「凡事都有好的一面，但你要先為自己主動翻面⑫。」或許遭逢壞運時，我們只能被動地接受，但我們依然可以主動從中找到對自己好的事，即便一點一滴地發掘也可以，再帶著這些經歷繼續前進。畢竟，無論是要讓壞運離去，或是讓好運延續，自己永遠是最關鍵的人。

重點概覽／

- 學者李察．韋斯曼提出四個捕捉幸運的法則：一、要創造機會，靠自己把好運最大化；二、要觀察現象，用心聆聽自己的預感；三、要期待好事，不應該被動等待機運；四、要翻轉心念，試著把壞運變成好運。
- 學者婷娜．希莉格提供三個捕捉幸運的方法：踏出自己的舒適圈，感謝幫助你的人，以及從壞點子中看見好的那一面。
- 好運跟壞運是一體兩面，無法分開來看，所以要習慣主動看見自己周圍的好，用正向的角度解讀發生在自己身上的事。

CHAPTER

4

時間管理的習慣

不是為了更多時間，
是為了更多自由

做時間的主人，活出想要的日子

一個人若是沒有時間管理的困擾，通常有三個原因：他不需要管理時間，他不想要管理時間，以及他根本沒在管理時間。

不需要管理時間的人，通常是已經完全退休，生活步調已經放慢，可以隨意悠活。這些人在金錢、人生已經有妥善的規劃，對於現況有極高的滿意度。這類人確實不需要管理時間，需要的是放心地花時間。但我會建議，如果年齡還沒到六七十歲，應該讓自己的未來有更多的可能。

安逸很好，太早安逸卻不好，一直安逸更不好。一來你不確定以後還會出現什麼人生風險，二來經濟變化也可能造成退休資產減損，因此應該趁身體還健康時積累更多資源。另外，如果你有足夠的經驗可以傳承，成為別人生涯上的導師，也算是對這個世界有進一步的貢獻。

再來，不想要管理時間的人，可能是為了避免壓力，也可能是對將來的日子少了點期待，這就是每個人自己的選擇。我不反對但也不贊成，畢竟每個人的人生，都是一連串自己的選擇。至於根本沒在管理時間的人，自然沒有時間管理的困擾。

撇除這些原因，你今天有時間管理的困擾，或是想再精進運用時間的能力，你應該要先肯定自己，那代表你在為自己用心經營生活。

然而，當你被迫一直追著時間跑，做事的成效不見得比較高，要擔心的反而是血壓飆高。被迫追著時間跑，人的心智會進入時間匱乏的狀態。而當人有匱乏感時，認知隧道（Cognitive Tunneling）便油然而生，更容易糾結眼前的事物，即便那些事並不重要。

追著時間跑，易產生匱乏感

某次我在準備出門參加重要活動時，就因為在時間緊迫下走進認知隧道裡。當時急著要把西裝外套收進西裝袋，但平時我很少穿西裝，所以不習慣收納西裝的方法，照理說只要不會弄皺，能收進去就好。

可是那天不知為何，眼看再不出門就要錯過高鐵班次，我卻糾結如何把西裝「擺對」。

一會取出西裝鋪平，一會折疊西裝收進袋子裡，收進去後又覺得不對勁而拿出來。當下我的理智好像被什麼東西綁架，擔心西裝沒收好行程會不順利，執意要收到滿意不可，注意力彷彿走進隧道般變得管窺。

管窺，使人有匱乏感；匱乏，是現代人的麻煩。

所謂的匱乏，學者定義是擁有的事物比需要的還少；好比挨餓就是一種對食物的匱乏。在一項明尼蘇達大學團隊的研究中可知，當人處於好幾天的飢餓狀態時，除了身體機能會下滑①，也會變得更留意食物價格的些微變化，會花更多時間翻閱菜單②。此外，心情上會容易不耐煩，對食物的占有欲會變高。飢餓後的心智有如人走進隧道般，視野全被兩旁隧道壁遮住，更會留意短期、微不足道的事情。

時間的匱乏，也是如此。當你不斷地追趕時間，總是感覺需要更多時間才能完成事情，時間對你而言將是愈來愈稀缺的資源，接著會更擔心沒有時間，也更在乎自己還有多少時間，心智視野逐漸縮小，慢慢陷入管窺的心態。管窺心態不是沒有好處，你會有短暫的專注紅利，但壞處是你會失去觀看大局的長遠思維，而且稍有不順就想遷怒周圍的人。

小心匱乏感引起的連鎖反應

匱乏，也會引出更多的匱乏。好比金錢上的匱乏，如果長期過著收入不夠支出的生活，自然會注意金錢上些微的花費，遇到一次大筆支出還可能因此陷入債務麻煩，接著只好更在乎一分一毫的支出，對於將來或意外的大筆支出更沒有招架之力。

同樣，當你過著時間吃緊的生活，一分一秒對你來說都是種「流失」，任何會耗費時間的事情都會引起你格外注意；排隊時間、用餐時間、客服接通時間、等車時間、電影開場前的時間，都變成分秒需要在乎的時間。如果工作或生活中遇到一次突發事件耗掉時間，導致後面的行程被耽誤，你就會更焦慮沒有時間，也更無法應付突發的事情。嚴重點，你光是「意識」到可能要耗費時間，即使事情尚未發生，你也會不自覺對周圍的事情感到不耐煩。

時間，它原本是一格一格固定地走，你卻在自己的心智上將其壓縮，隨時都處於壓力鍋的狀態。長期下來，你會終日周旋於眼前瑣細的事情，疏於把焦點移到未來的目標，有天才驚覺幾年的時間就這樣過了，卻想不起來是怎麼過的。你的思緒看似愈走愈快，但心靈卻愈走愈累，生活愈來愈像快轉。

而要解決時間的匱乏感，我們就必須從不同的角度看待時間管理。

做時間的主人，而非時間的僕役

早期我在學習時間管理時，目標是放在擁有更多的時間。然而在實踐各家管理時間觀念後，我漸漸意識到這句話：**時間管理不是加法，而是減法**。

減法，意味著篩選；把不重要的事剔除掉，將時間投入到真正值得做的事項裡，少做甚至別再做其他事。至於多出的空檔，則是完全屬於你的自由，你可以繼續做其他工作，也可以安排休閒娛樂、陪伴家人，或是學習將來需要的技能。

這才是真正的自由，因為你有得選擇。

幾年前我規劃一趟英法行，行程中安排一天在城市中散策，跟隨旅居倫敦的朋友巡遊，午間則安排在公園休憩。據朋友說那週英國的天氣反常，難得的陽光令萬物明媚，乾冷的空氣令草地舒爽，不需鋪任何野餐墊就能席地而坐。一坐上草地我也才察覺，周圍盡是貪沐陽光的人；有上班族邊吃午餐邊放空，有人則是躺著聽音樂，或坐著閱讀，有幾個人則是圍成一圈做瑜伽，公事包就擺在一旁。往遠處一望，散落在各處的人們，彷彿精緻的扭蛋玩偶被安放在鋪整好的綠地上，瞥一眼便幸福。

這畫面至今在我心中依然迴盪著，給我的衝突感很大。

在園區上班那幾年，公司周圍皆是其他企業大樓，附近並無餐廳營業，用餐時十次裡面有九次只能在員工餐廳裡解決，剩下一次則是在附近便利商店果腹。因為工作時大家都忙得不見蹤影，偶爾就會利用共餐時間跟進專案進度，或討論客戶反映的事情。對於一出社會就接收這氛圍的人，從沒懷疑為何吃飯還要聊工作的事。

在公司用餐的好處是省了餐費，但實際上外頭沒其他餐廳也就沒得選擇，而且因為辦公室就在生產線大樓裡，工作有問題隨時可被召回崗位上，午休怎麼過儼然不是午休的目的。

在倫敦的那幾天，原以為能躺在草坪上是公園特有的魅力，爾後幾天才知道，只要天氣好，市區隨處的草坪都有人悠閒溜達著。索性有一天我們也在路邊一處草坪上席地而坐，吃著附近買的三明治，與旁邊躺著午休的人一起共享片刻寧靜。

那幾天我感受到自由的氛圍，時間不再是逝去而是享受，什麼事都不做也無妨，我真正感受到我是個擁有時間的人。

加法，不應該是管理時間的目標。做更多事，頂多代表你有把握時光，不表示珍惜了時光。**何況花很多時間在工作，不代表就是認真；認真地工作，也不代表就要花很多時間**。搞不好，你只是努力讓自己看起來很努力而已。

管理時間真正的目的，是要做時間的主人，讓自己有更多的自由去運用時間，在有限的生命裡，活出自己想要的日子，為值得的事情而活。

重點概覽／

◆ 一個人若沒有時間管理的困擾，通常有三個原因：不需要管理時間，不想要管理時間，以及根本沒在管理時間。

◆ 當人被迫追著時間跑時，心智會掉入時間匱乏的狀態，走進認知隧道而失去觀看大局的思維，同時更在意短期不重要的事。

◆ 時間管理不是加法而是減法，是透過管理把不重要的事剔除掉，將時間投入到真正有價值的事情裡。

◆ 管理時間是為了做時間的主人，讓自己有更多的自由為值得的事情而活。

拖延的遺憾：不怕做了後悔，就怕後悔沒做

不同的人看同一部電影，會關注到不同的細節。導演來看，會注意運鏡的角度、人物的視角；演員來看，會注意登場人物的表情、說話的語調；觀眾來看，會注意喜歡的角色何時出場；平面設計師來看，會注意一瞥而過的海報上，搭配的字體協不協調；文字工作者來看，可能會注意哪些臺詞特別有力，有時還會內心竊喜自己發現了錯字。

拖延，也是這樣一個存在，不同的人對拖延有不同的看法。對許多人來說，拖延跟生產力有關，可以用來衡量一個人認真還是懶散；對主管來說，拖延跟工作績效有關，可以用來判斷員工辦事牢不牢靠；對家長來說，拖延跟小孩的學業有關，會擔心小孩功課沒寫、書沒唸完。

而對我來說，拖延除了跟生產力有關，更是跟後悔有關。拖延就像一臺大型機器內部看似不起眼的小齒輪，出了問題就會造成連鎖影響，導致整臺機器無法運轉。

會有這樣的體會，是來自多年前我打算做的一件事，最後因為拖延而沒做成，直到現在依然覺得惋惜。

拖延的嚴重性，在於未來難以彌補

有感於記帳在金錢管理上對我的幫助，我從二〇一一年開始在網路上推廣記帳方法，期間也有愈來愈多讀者詢問我記帳的訣竅。為了讓更多人樂於記帳，我逐步興起設計多功能記帳表格的念頭。

當時網路上不缺設計好的記帳表格，有些需要付費，有些是免費下載，只是那些表格並無法滿足我對財務管理的需求，所以我都習慣用自己的表格記帳，可是表格的編排上非常雜亂，應該只有我自己會用。為了讓更多人願意加入記帳跟管理金錢的行列，我開始逐步研究，如何讓我正在用的表格更像是一個「軟體」方便使用。

記得當時去書店買了兩本程式開發的書，每本厚度堪比磚頭，從頭開始學如何編寫軟體表格的程式。那陣子除了白天用來寫作，晚上幾乎都拿來寫程式。半年後我把成品放到網路上免費下載，沒多久竟成為網路關鍵字搜尋第一名。

說實在的，當時設計出那套軟體，帶給我很多的成就感，至今也是我覺得相當有意義的事。它不只有記帳功能而已，還可以產出個人資產負債表，是真正從存錢的角度去設計的數位記帳本。如今表格軟體已經設計好多年，依然有讀者來信跟我討論記帳的問題，我自己也一直沿用那套記帳軟體到現在。

然而，這之中其實有一個遺憾，正是跟拖延有關。

約莫在開放記帳軟體下載兩年後，當時智慧型手機已經進入人手一機的年代，也有許多人詢問是否有行動版記帳軟體可用，我心中又因此興起開發行動版記帳軟體的想法。我開始思考什麼樣的介面適合手機記帳，也把各種想法、應用畫在筆記本上，有許多點子是當時市面上沒有的功能，如果我估計得沒錯，當軟體開放下載時，應該可以讓更多人願意記帳。

就這樣，我開始在筆記本上設計行動版記帳軟體，也規劃更多功能提升存錢動力，我甚至開始去想，是否需要聘僱軟體工程師一起開發，說不定這樣就開啟另一個事業機會。

但這次不一樣的是，我後來一直拖延沒有付出行動。一來當時部落格正在快速成長中，我花在撰寫文章的時間比以往更多，二來我一直覺得自己還沒有準備好，應該要把更多功能都想清楚後，才著手編寫軟體程式。

我是直到再過幾年，對拖延症有更深一層的了解後，才知道這樣的做事心態是不對的；**因為當你心中認為有一天會準備好，就代表不會有準備好的那一天**。

就這樣好幾個月又過去，我的想法依然只停留在紙上，編寫程式的進度依然是零。而那時發生了一件事，徹徹底底澆熄我開發的念頭：市面上出現一個新的手機記帳軟體，幾乎實現了我當初設想的功能。

我還記得看到那套軟體的當下，自己先是錯愕，接下來是一股很難形容的感受，一定要形容的話，我會說那就是懊悔的滋味。我懊悔的不是為什麼被人搶先開發出來，也不是對方的功能更全面，而是我自己竟然連嘗試都沒有嘗試。或許我做了之後也開發不出來，但能不能實現，跟有沒有去實現，兩者的意義完全不同。

老實說，至今我偶爾還是會遐想，如果當時我有試著動手編寫軟體，結果會如何呢？

這問題至今依然像個鬼魂般糾纏著我，或許我這輩子都不會有答案。如今要我重新開發新的版本，也找不到動機了。

沒錯，這就是拖延一件事可以給人最大的負面影響，**不是一件事遺憾沒有做成，而是留下沒有去做的遺憾**。事情沒有做成，至少還有結果，過程中你多少會學到東西；沒有去做，一切都沒有參考價值。

雖然日常中大部分事情就算拖延了影響也不大，頂多事後補救回來就可以，可是如果拖延到的是足以影響工作或人生的大事，比如換一份更適合自己的工作，開始存錢投資，追求人生目標，實現財務自由、結婚計畫等，這類事情愈拖延去做，以後愈覺得可惜。

所以，要避免拖延，就是要別想太多盡快去做嗎？不是，要對抗拖延其實更需要避免急躁，因為克服拖延的方法正是「急不得」；下一篇我就來說明如何克服拖延。

重點概覽／

- 拖延對每個人的影響都不同，可能跟生產力有關；可能跟工作績效有關；可能跟前途有關；也可能跟後悔有關。
- 拖延就像一臺機器內部的小齒輪，出了問題會造成連鎖影響，導致整臺機器無法運轉。
- 要摒除「還沒準備好」的做事心態，因為當你心中認為有一天會準備好，就代表不會有準備好的那一天。

急於得到結果，反而更想拖延

對現代人來說，應該都曾經有過拖延的經驗。只是到底什麼情況才算是拖延？長期研究動機與拖延的學者皮爾斯・史迪爾（Piers Steel）給世人一個解釋：違反自身最大利益的延遲，就是拖延。

白話來說，你知道應該要去做某件事，也知道做那件事對你有益處，但就是不想行動。比如提早準備考試、準備下個月的簡報、為將來工作學英文、為身體健康運動，還有像寫年度目標、存退休金、提早訂票等，這些都是對自身有利的事，卻也是人常會拖到最後一刻才做的事。

可是既然是對自身有利的事，為什麼人還會拖延？有一派說法是企圖心不夠，或缺乏自律，但這些說法不全然正確。因為很多的研究指出，人不喜歡自我約束的原因，其實有一半是跟基因有關。換句話說，我們有可能是經過演化而成為拖延的人。

等等，看到這可別安慰自己，把問題都推給演化基因。知道這些研究結果後，我們更應該主動學習如何克服拖延。因為拖延既然是人與生俱來的天性，代表它會跟著你我一輩子。如果此刻你心中有想要做的事，想要過的生活，你就應該要學習如何跟拖延相處，進而駕馭它。

強化動機，遠離拖延

要駕馭拖延，首先要培養耐心等待結果的習慣。有研究顯示，造成人會拖延事情的一大原因，是人普遍有「急於想得到結果」的天性。因此，也就沒耐心等待一件事的成功，更容易被短期就能產生結果的事情給吸引③。

前面說過我打算開發手機記帳軟體的例子就是。當時因為手邊工作量很多，我開始對時間產生匱乏之感，導致那陣子我做事都急著想得到成果，我也變得沒有耐心去研究如何開發軟體，只想做其他很快就能看到結果的事，開發計畫也就一直耽擱下去。

從缺乏耐心的角度來看，現代人拖延的現象只會愈來愈明顯。

目前我們所處的世代，是一個追求速度的時代。隨時都可上網接收最新的消息，手機訊息一跳出來就忍不住想看，串流影音隨時打開就有新影片，滑手機隨時都有看不完的新鮮事。漸漸地，我們會對當下時間的流動更敏感，也更容易感到無聊，導致更容易誘發拖延的本性。

雖然時間的存在主要用於計時，但只要人對於時間的「長短間隔」愈敏感，對於做一件事情拖延的可能性也就愈高。網路流傳一句玩笑話：「每一分鐘就有六十秒過去。」可是當你真的開始用秒來計算擁有的時間，以分鐘度量每個小時，對於緊湊的感受截然不同，無聊的感受也截然不同。

只不過，科技可以讓人類進步，快速、便利也可以節省時間，身為現代人總不能都不上網、不看電視、不打發時間。所以我們要反問自己，應該如何做，才不至於被手機、網路等科技牽著走，最終不斷拖延重要的事。

答案，就在強化內在動機。**你做一件事的動機愈強，就愈不會在那件事上拖延**。

開頭提到的學者史迪爾在長期研究人的拖延行為後，得出一個拖延方程式。這個方程式的分母是衝動乘上延遲，兩個乘起來就是前面所強調，你愈急著想看到事情的成果，就愈可能拖延不想去做它。而方程式的分子則是期望乘上價值，意思是當你對一件事的期望愈高，或是做那件事帶給你的價值愈大，你去做那件事的動機就愈強，也愈不想拖延。

拖延方程式（The Procrastination Equation）

$$\text{動機} = \frac{\text{期望} \times \text{價值}}{\text{衝動} \times \text{延遲}}$$

* 出自《不拖延的人生》

打個比方，如果你沒有動機工作，不時犯拖延，可能是你對工作的成果並不在意（期望不夠）；或是你對這份工作的收入感到不滿意，做起來沒有成就感（價值不夠）；最後就是你缺乏耐心想要盡快得到結果（衝動著急）。

簡言之，想要克服拖延，就要有耐心等待未來的成果，以及找到做一件事對你的價值，避免動機低落。當你有耐心等待結果，你才會肯付出行動；當你看到價值，你才會覺得過程值得。即便每次做的進度都只有一點點你也願意，而不是事情稍微不順就想放棄。

外在誘因好追求，內在誘因更長久

這樣說來，克服拖延的關鍵之一在於提高自身動機，那引起人動機的又是什麼？著有《動機，單純的力量》的作者丹尼爾．品克（Daniel H. Pink）已經有答案，人會行動的動機來自於做一件事背後的誘因，而誘因又可以分為內在誘因跟外在誘因。

先說結論：**雖然外在誘因比內在誘因更容易追求，不過來自內在誘因的動力，會比外在誘因來得強大與長久**。你當然可以依靠外在誘因做一件事，但如果你能發掘自己的內在誘因，就應該追隨你的內在誘因，因為那可以讓你長期都有驅動力。

以外在誘因來說，常見的像是金錢、名聲、職位、物質，或是像社群平臺上的讚數、分享數，這些都能立刻產生激勵效果，但也有明顯的邊際效益，很快就令人麻木，而且當「數量」越過一個層級後，激勵的效果就會非常有限。比如金錢的邊際效益就很明顯，除非給的錢一次增加很多，否則金錢對人的激勵要麼是很短暫，要麼就是容易不滿足。其他像名聲、物質等外在誘因也是。

有學者更進一步研究，諸如金錢獎勵等外在誘因要發揮最佳功效，通常是用於類似生產線性質的工作，這類工作的內容變化度不大，工作的成就感幾乎只會來自於收入，用獎金來控制績效就能起到效果。至於類似像坐辦公室的行業，因為工作者追求較高的自主性，而且工作的內容時常變化，金錢在滿足基本的生活需求後，能帶來獎勵的效果就變得有限。

何況，外在誘因還可能取代人做事情真正的用意。比如為了培養運動習慣，設立「運動完就能喝手搖飲料」的誘因，你的目的就不是運動，而是變成為了喝那杯飲料。同理，把金錢視為做一件事的主要誘因，等於剝奪自己做那件事的成就感。

相對來說，內在誘因的持續效果會更久，而且人做起來會更幸福快樂。比如你做一件事情的目的除了金錢，背後的動機更是為了家人，為了實現自己的天賦，或是為了學習有趣的東西，為了發揮影響力幫助別人，你的動力就會變得更長久，工作的品質也更好，而且你會更有耐心去面對瑣碎的事。假如你從事的工作需要用到腦力或包含創作性質，這個現象會更明顯。

兩者相比來看，外在誘因就像是火把，內在誘因則像是一臺引擎。火把一點即燃，但燒完也就沒了，而引擎只要你持續添加油料，就能不斷運轉。

強調一下，並非說金錢不重要，事實上金錢雖然不是最重要的，卻是必要的。在滿足謀生的基本條件以前，金錢是驅使人做事最主要的動力來源。前述內在誘因之所以能發揮效用，也是建構在人已經滿足生存的基本條件下。

由此可知，如果你想要追求你的志業、夢想，你也要先思考如何養活自己，否則還沒有實現就先餓肚子，你也不會有動力繼續堅持。

說了那麼多，其實不需要擔心自己為什麼會拖延；拖延本身並非問題，真正的問題點在於如何駕馭拖延。畢竟人的大腦喜歡省力，它天生的目的就不是用來行動，而是用來生存，人不可能擺脫好逸惡勞的本性。要克服拖延，目標不該擺在從此斷絕拖延，而是要練習跟拖延的人性抗衡，然後再進一步養成為內在誘因做事情的習慣，你的拖延情況將會比過往減少許多。

重點概覽／

- 違反自身最大利益的延遲，就是拖延。
- 造成拖延的一大原因，是人有「急於想得到結果」的天性，沒耐心等待事情的長期成果，容易被短期就有結果的事情給吸引。
- 做一件事的動機愈強，就愈不會在那件事情上拖延。
- 人的動機來自於誘因，誘因可分為內在誘因跟外在誘因；外在誘因像火把，內在誘因像引擎。來自內在誘因的動力，會比外在誘因來得強大與長久。

三個方法克服拖延的壞習慣

克服拖延的方法一：從簡單的事情開始

二〇一四年我出版人生首本著作後，在構思第二本書時遇到瓶頸，寫作因此陷入一段低潮，連帶影響做其他工作的動力。

我是第一次遇到那樣的低潮，難以用言語形容，感覺就是你明知道應該要做什麼，心中卻很排斥做。早上起來不想工作，下午時候格外地累，相較於打開筆電更想要打開電視。我寧願開著電視也不想要去碰工作用的筆電，單純只想逃避工作。

雖然工作上本來就會遇到瓶頸，也可能是那陣子工作太多太雜而導致身心俱疲，但我不太確定當時是屬於哪一種狀態，也可能兩種情況都遇到，總之就是提不起勁寫作，只能任由消沉的情緒伏流於生活之中。

當時的我是怎麼走出來的呢？說來有趣，就是透過一張圖而已。實際上這張圖並不是告訴我解決方法，而是提醒我目前的低潮只是一個過程，是一個遲早會過去的狀態，而這樣的體會安慰了我自己。這張圖其實出現在不少地方，也被不同的專業人士分享過，雖然「路線」畫起來不太一樣，但可說是許多人共同的體會，是發展一件事必經的過程。

如果此刻你心中有想要完成的事，不論是體態上的改變，或者是學習新的技能，還是說在工作上打磨專業，突破現有的瓶頸，學會任何的語言，你都可以藉由這張圖檢視自己目前處在什麼階段，尋求前進的動力來源。

這張圖看起來是這樣，整個過程代表著做一件事情的經歷。它有兩個方向，往上代表的是事情的成果，往右則是累積的努力，曲線從原點開始先是一小段的上升，然後就下降，接著沉寂一陣子後開始突破，最後持續地上升。

進行一件事的階段經歷

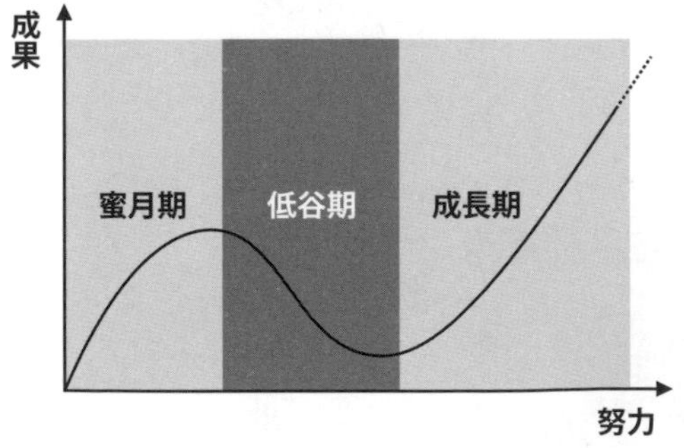

如果對比人生的進展，當人接觸到一件新的事情時，起初會經歷一段快速成長期，這是所謂的蜜月期，然後有天成長速度就會趨緩，接著會進入低谷期好一陣子；此時也是最可能放棄的階段。如果能突破，接下來就會感受到另一波向上的進展。

想想看你是否曾經有類似經驗，你打算學習一樣新事物，已經設定好目標，也非常有衝勁。一開始你進步得非常快，學習那件新事物看起來並不難，還可能認為自己天生就擅長做那件事，此時的你全身充滿活力。

接著你慢慢發現，事情怎麼做起來好像開始不輕鬆了，進步的幅度變緩慢，甚至不進反退。相較之前的成就感，取而代之的是愈來愈多的沮喪感。

以我自己運動為例，在剛接觸健身的時候，前幾個月雖然很累，卻也覺得體能大幅度地成長，運動完的舒暢感非常明顯。但過了約莫半年，我發現進步的幅度開始在原地踏步，舉的啞鈴重量無法突破，疲勞累積地特別快，倦怠感不時就產生。那時我就是進入圖中的低谷期，會想要放棄運動，不想再健身。直到後來堅持持續運動後，有天突然又感覺有所突破，接著迎來另一波的進步與成就感。

而我當時準備寫第二本書時，就是處在過程中的低谷階段。如果我沒察覺自己只是處在低谷期，或許我就會覺得自己的能力已經來到極限，也有可能我會放棄寫作，然後就沒有後來的寫作發展，更不可能確認自己對寫作的熱愛。

所以，你不妨也增加對這張圖的印象，因為這樣你就能隨時提醒自己，學習新事物會經歷蜜月期，因此不能過度自滿；想要突破任何事也會經歷低谷期，因此不要打擊自己。低谷期只是暫時的，突破後就能達到更好的成果，只要熬過去就會好下去。

當然，光知道有低谷期還不夠，我們還需要能夠突破低谷期的辦法。有趣的是，突破低谷期的方法跟找到做事情的動力一樣，關鍵都在於你要選擇最簡單、阻力最小的一步跨出去。

之所以要選擇最小阻力之路，跟事情本身的難易度無關，而是跟人對於確定性的需求有關。

你可以想像一個畫面：遠古時代的人類在大草原上狩獵，突然聽見附近草叢有不尋常的動靜，在還不確定草叢下的會是獅子還是兔子前，按兵不動肯定是最好的辦法。要在捕獲兔子與失去生命之間做抉擇，我想應該不會太難。而這樣的習性會逐漸經過演化被保留下來，所以當人感受到「疑惑」時，什麼都不做就是人內建的行為準則。

然而，**遇到不熟悉的事情時，試著做點什麼，肯定比什麼都不做還好；因為在成長的過程中，經驗值很重要**。這個做點什麼的「點」，就是指最小阻力，因為事情比較簡單，你會覺得比較好完成，讓自己重新擁有掌控感。完成後你也會因此取得小勝利，產生動力去做下一件事。

好比我縱使已經有長期運動的習慣，但每次運動前還是會掙扎，我的方法就是先做最簡單的事，把運動鞋拿出來擺在視線可看到的地方。當運動時間到時，就會心想既然鞋子都拿出來了，不如就穿上；既然穿上了，不如就開始運動。

寫作習慣也是。雖然我幾乎每天都會寫文章，但不是每天都有靈感，如果好一陣子無法下筆，我的方法就是先把腦中想到的任何字打出來，即便那些文字根本無法組成句子，但看著愈來愈多的字開始落在眼前，寫作的靈感就會漸漸冒出來。想到什麼就寫什麼，先做最簡單的事，剩餘部分就等待寫作習慣牽引自己。

減少行動的成本，從最簡單的事情開始，就是克服拖延、沒動力做事情的好方法。

前文提過，動機可分為內在誘因以及外在誘因，內在誘因更能引發人的動力，但那更適合用在堅持長遠的目標，對於短期需要「跨出去」的階段，你需要的是選擇阻力最小的一步跨出去。

所以，當你沒有動力，覺得想要開始拖延時，你可以先跟自己說那只是暫時的，有可能自己正在低谷期；接著，就試著去做一點事情。如果你不想運動，就跟自己說：「動個五分鐘就好。」如果不想寫報告，就跟自己說：「寫幾個字就好。」如果不想閱讀，就跟自己說：「看個一頁就好。」如果不想練習外語，就跟自己說：「背三到五個單字就好。」

說來，習慣也是這樣培養起來，起初先從最簡單的開始，中間逐漸克服難度更高的事，到後面即使原先對你很難的事情，也會做起來很輕鬆，進而成為可持續的習慣。

這就是選擇最簡單的事情開始的好處，它不是要你去做很多、很複雜的事，而是只要有任何一點進度都可以。只要一點點進度就行，慢慢突破目前的低潮，慢慢達成你想要完成的事情，慢慢啟動一項新的計畫[4]。或許起步慢了點，但只要起了頭，拖延就會消失，習慣就會接手。

先專注眼前的一小步

先從最簡單的事情開始，克服拖延，一步步完成更難的事。

克服拖延的方法二：建立自我回饋習慣

行為經濟學教授丹．艾瑞利（Dan Ariely）曾實驗過，找來兩組學生拼砌樂高模型，拼得愈多累積的獎金愈高。兩組差別在於，一組的模型會在學生每次拼完後就拆解掉，另一組則會保留下來。結果是，模型被拆解的那組學生，愈到後面拼砌模型的速度愈慢，最終完成的模型，平均數量也比另一組少了四〇%。

原來，要摧毀一個人的動機，只要忽略對方的成果就行。

因此要保持行動力，務必要建立自我回饋的習慣。自我回饋之所以重要，在於我們身上都有渴望被肯定的天性，可是如果你沒有刻意去關注自己的進展，你的努力很容易被日常瑣事瓦解，淹沒在一個又一個繁忙的行程之中。

還記得嗎？前面說到人有短視近利的天性，對未來事件的敏感度不高。同樣，我們也容易忽略過去自己實現的成果，只關注眼前遇到的問題，結果忘了肯定自己，也失去前進的行動力。所以，無論是在克服拖延或是培養習慣，追蹤進度都是為了看見自己的進步，如此才有動力繼續往前。

除了增強動機，自我回饋還有一個重要的益處，就是你可以照自己的節奏走自己的路。

曾兩度打破日本馬拉松紀錄的大迫傑（Osako Suguru），在二十多歲時留給自己一句話：「七年後，我希望看見微笑的自己。」話中涵義不只是對比賽成績的期許，也是希望照自己的節奏享受努力的過程。他在著作《跑過、煩惱過，才能發現的事。》中就提到，因為起跑後體力必須一點一點地釋放，所以不能因為其他選手追上自己而亂了配速。「基本上我只會專注在自己的節奏上，不去思考其他事情。」他如此說道。

這世代有很多干擾人的資訊，尤其是你期盼自己有所成就時，你會想抓住更多機會，但也可能顧此失彼。而自我回饋即是在提醒自己，專注在自己的節奏上，不會因為其他干擾而亂了步伐。

教育家約翰・杜威（John Dewey）曾說：「我們不是從經驗中學到東西，而是從經驗的回饋中學到東西。」換言之，沒有回饋的經驗，有可能都是在重複做一樣的事，得到的也只能是同樣的結果。

唯一要留意的是，避免讓自我回饋變成自我毀滅，回饋的過程應該是正面地回饋而不是負面地指責，是為了校準而不是批評，是為了提醒自己哪些地方做得好，而不是把焦點放在缺失上。

克服拖延的方法三：設定期限標竿

我在學生時有個體會，每當老師說要交報告時，起初都沒有靈感要寫什麼，但隨著交報告的截止日期到來，我的靈感就愈來愈充沛，直到最後一天簡直文思泉湧，一個晚上就超越之前數星期的進度。

這多少是玩笑話，但我們都當過學生，應該能夠理解最後一刻壓線交報告的情況。即便出了社會，還是有在截止日期前趕工，效率特別高的時候。雖然照理說花愈多時間，工作的品質會愈高，但多數時候八十／二十法則的效應就是存在，我們大部分的產出與成效，是來自少部分投入的時間。

為此，你要養成設定期限標竿的習慣。所謂的期限標竿，概念跟一般的截止日期稍微不同，它不是完成目標的「死線」（Deadline），而是強調階段性任務的完成。當你做一件事之前，應該要視事情規模的大小，限定要在幾個小時或幾天之內達成某個進度，接著是下一個進度，把這些進度視為一個一個標竿，避免偏離自己應有的軌道，順勢往最終目標而去。

這就好比在夜晚開車，若是道路兩旁沒有路燈很危險，也會影響你前進的速度。期限標竿就像是通往目標路上一盞盞的路燈，照亮道路指引前方。

設定期限標竿還有一個目的，就是切割事情的進度，縮短方法二自我回饋的時間。一件事情如果花十天一口氣完成，你僅會得到一次回饋，細分成十個一天的進度去做，你就會得到十次回饋。回饋次數變多，你精準完成目標的機會也變高，你將更有動力去實現目標。

融合自我回饋跟期限標竿的方式，其實很像衛星導航的機制。當你開啟手機的導航地圖時，雖然看到的是一條計算好的路線，但實際上衛星會隨著你的移動不斷定位你的位置，然後再不斷修正你要往哪裡走，最後告訴你如何抵達目的地。每一次的定位，就像一次回饋；每一次的回饋，就是校正；一次又一次的校正，就是精準。

總而言之，你要養成設定期限做事情的習慣，行動力來自我們明確知道何時該有什麼進度，而且持續地回饋自己。雖然在無壓力的情況下，有些事情做起來是種享受，但我們大部分會接觸到的待辦事項，最好都要安排進度，在有期限標竿的情況下，執行動機才會充足。

然而，我在改變習慣步驟三（P.56）提到，人對一件事的動機隨時會變化，而且多數時候動機不見得強，最好的方法還是透過培養習慣來實現目標，而不是單純依靠動機而已。所以，有沒有可能在不需要動機的情況下克服拖延，進而養成該有的習慣？

有的，接下來就是一個實用的法則。

重點概覽／

◆ **克服拖延的三個方法：**

方法1 從簡單的事情開始

學習新事物會經歷蜜月期，突破任何事則會經歷低谷期。突破低谷期的關鍵在於選擇最簡單、阻力最小的一步跨出去。

方法2 建立自我回饋習慣

要保持行動力，務必要建立自我回饋的習慣。自我回饋還有一個好處，就是能照自己的節奏走自己的路。

方法3 設定期限標竿

養成設定期限標竿的習慣，把階段性任務視為一個又一個的標竿，如此可避免偏離應有的發展軌道，順勢往最終目標而去。

小積步法則1：骨牌效應，讓努力有效串聯

如同現今科技渴望把汽車送上天，一八五五年也有一群人渴望把火車行駛在半空中，而這個大膽的想法，造就了世上第一座鐵路吊橋。

那是個汽車引擎尚未問世，萊特兄弟還沒讓飛機翱翔的年代，當時橫跨美國與加拿大邊境兩側的貿易與觀光蓬勃發展，對於交通運輸的需求量與日俱增，因此有人大膽提出在尼加拉河河道上方建置鐵路的可能性。

不出所料，人對於改變一開始都是反對居多，一時之間許多人士都站出來反對，質疑在半空中行駛火車的荒謬點子。幸好，最終這個想法被推行成功，只不過建造鐵路的計畫還是無法順利進行，原因就卡在一條細繩上。

雖然當時工程團隊找來建造吊橋的專家，但問題是尼加拉河既寬敞又洶湧，該如何把建

造吊橋所需的第一條繩子搭建起來？專家們試過各種方法想讓繩子「飛越」河道，但無論是用砲彈射擊，用輪船拖運，或用火箭牽引，都無法順利將繩子懸掛於河道兩端。

出乎意料的是，這條繩子最後被一名年僅十六歲的年輕人，成功用風箏把繩子送到另一岸。隨後這條細繩被綑成了粗繩，再來是纜繩，而偉大的鐵路吊橋工程就此展開。過程中團隊先成功用滑輪運送貨物，接著安全地運送乘客，再過陣子搭建出馬車天橋，幾年後成功讓一列火車在吊橋上行駛。

這一切，都是從那一條用風箏拉過去的細繩開始[5]。

跨出改變的第一步：從小地方開始改進

如果把人生看成是一連串行為所組成，一個微小的習慣可能就會改變人生，如同那條細繩最終造就一場偉大工程。然而，本書一再提及改變會有阻力，而且最大的阻礙可能就是自己，所以該如何引導自己跨出改變的那一步？或是克服拖延去做對自己有利的事？連同此篇開始，我將整理一套自己摸索多年的做事系統，它結合許多時間管理與習慣養成的觀念，我取名為「小積步法則」。

法則的第一個要素，就是如同那條被風箏拉過去的細繩：一切都從小事做起。

演講時，我常用一張圖片帶聽眾進入尾聲：圖左邊是一塊小積木，右邊是一塊大很多的積木。接著我會故弄玄虛地問聽眾，如果左邊那塊積木比一塊錢還小，要如何推倒右邊像車門一樣大的積木？

不賣關子，答案是像推動骨牌般，在兩塊積木中間排列愈來愈大的積木。接著你只要輕輕推一下那塊最小的積木，它就會依序推倒另一塊更大的積木，最終像車門大的積木就會應聲而倒。

這是骨牌效應（Domino Effect）的原理，一九八三年由學者洛恩．懷海德（Lorne Whitehead）提出，他推算骨牌效應不只能推倒跟自身面積一樣大的骨牌，還可以推倒比自身大一半的骨牌。年輕時我聽過一種類似說法：「如果你讓骨牌持續倒下去，最終可以推倒一棟高樓大廈！」

實務上要推倒高樓不可能，因為高樓底下會有穩固的地基，且每張骨牌間需要抵消的物理摩擦力會逐漸變大。不過骨牌效應的確存在，縱使因為物理限制無法推倒大樓，它依然可以在某個規模以內被實現。

拜網路所賜，國外已有學者透過影片昭示骨牌效應[6]，而且該實驗的第一張骨牌大小堪比人的指甲，需要用鑷子來推倒，倒下之後每張骨牌果真依序推倒更大張的骨牌，直到最後跟人一樣高的骨牌也倒下。後來甚至還有人進一步實驗，成功推倒比一層樓還高的骨牌。

藉由一塊小積木推動另一塊更大的積木，最終就能推倒幾百倍大的積木，這道理其實跟我們做事情一樣。一次完成一件小事，再透過小事的成果去完成更大的事，讓事情之間產生骨牌效應。

不過小積步法則的觀念不只包含骨牌效應，而是我融合自己長年的工作經驗並整合出來；「積」代表積木的積累，「步」代表步驟的串聯。

成事的首要目標，是拆解目標

我首次體會出小積步法則的效用，要回溯到我出社會後第一份工作，雖然那時概念才剛萌芽。當時剛出社會的我什麼都不懂，腦中存有的是學校教的理論，實務上該如何研發產品完全沒概念。好在當時公司前輩耐心地教導，先帶我從產品的運作原理開始了解，接著測試產品中功能較基本的電路，遇到問題時再請教前輩，等熟悉後再研究更進階的電路。

隨著我了解的電路愈來愈精密，我對於研發產品的知識也逐漸累積，到後來我竟然可用一己之力設計出新產品的電路，而且該電路有不少設計都是我獨創，產品最後則成功銷往日本。

從只了解一小部分基本的電路開始，到最後有辦法獨自完成一整個產品的設計，這是我剛進公司時難以想像的。這體會跟我後來學習寫作非常類似，從一開始只能寫出幾個段落，到後來可以一口氣寫出上千字的文章，而且是一篇接著一篇文章寫，最終被出版社看見而有出書的機會，也是我從來沒想過的發展。

我想告訴你的是，**很多你現在所想不到的事，都是有機會實現的**。

當你做一件小事，如果它可以產生骨牌效應，最終你就能完成更大的事。從另一個角度來看，如果你想完成一件大事，你的目標應該是先找到做這件事的第一張骨牌，把那個大目標變成許多的小目標，讓小目標之間產生骨牌效應，而且因為較小的目標更好執行，也有助於克服拖延。

換言之，**做一件事的首要目標，是拆解目標**。拆解目標不只能產生骨牌效應，還可以幫助人克服拖延。

之前說過，做一件事要花的時間愈長，人會愈沒耐心去做，犯拖延的可能性也愈高。當你把大目標拆解成小目標時，你等於降低執行的難度，雖然整體事情的難度沒變，但你已經先挑出較簡單的部分，接著你要做的就是「推動」它們，產生骨牌效應。

不過，要產生骨牌效應的重點並非光做小事就好，必須是做「有關聯」的小事，難度通常也要愈來愈高。如果事情彼此沒有關聯性，難易度也沒變，它們之間並不會產生骨牌效應，反倒是你忙了很多事，成果依然打折。

了解骨牌效應後，接下來我們來看如何讓事情的效益能夠「累進」，發揮小積步法則的第二層效用。

重點概覽／

- 小積步法則：「積」代表積木的積累，「步」代表步驟的串聯。
- 一次完成一件小事，再透過小事的成果去完成更複雜的事，事情之間就會產生骨牌效應，最終完成原定的大事。
- 做一件事的首要目標是拆解目標。拆解目標不只能產生骨牌效應，還有助於克服拖延。
- 要產生骨牌效應必須是做「有關聯」的小事，事情的難度通常也要愈來愈高。

小積步法則2：累進效應，讓能力不斷精進

小積步法則的第二個效用，是要鎖定學習可以累進的事。

不少人有過一種體驗，事情忙了一陣子，每天看似付出很多時間，結果卻不如預期。或是遇到另一種情況，工作多年未能取得顯著的進展，存到的錢也沒有想像多，日子過得不算差，但好像也不知道該如何變更好。我想這是許多人面臨的無奈。

然而有些人不一樣，他們看似每天做一樣的事、過一樣的生活，卻每隔幾年就達成新的成就。這兩者之間的差別在哪裡？細究來看，就是跟每天做的事有關；一種是日復一日、成效沒變，一種是每天都在精進，就算只是微小的進展。

效益不斷加乘，能力才會精進

其實，年輕時我也不太能體會這之中的不同，當時的我相信只要努力自然會有成果。但後來我體會到一個道理：每個人現在的程度，都來自過去累積的進度；現在擁有的成績，都來自過去的累積⑦。這道理可以用簡單的算術來解釋：

若我們把一件事用數字「1」來代表，當人做很多事卻「徒勞無功」時，就如同這行算式：

1×1×1×1×1＝1

計算得出的結果，還是原本的數字1。言下之意，就是做了許多彼此毫無關聯的事，卻都沒有實質累積效益，就算再努力用心做那些事，得到的效益依然不高。

職涯早期我過的就是這種生活，從家裡到公司兩點一線，每天往返，每天都在處理類似的事情，彼此的效益沒有加乘。我不是把一年活成三百六十五天，而是活成了三百六十五次。

相對來說，如果你能明確知道做的事情彼此有關聯，每天即便累積一點點的進度，都會產生加乘的效果，而且就算每次改進的幅度很小，成果依然是往上累進。同樣以算式來看，它的效果會是這樣：

1.1×1.1×1.1×1.1×1.1≒1.61

這便是小積步法則的第二個效用，它可以提醒你要刻意做有加乘效益的事情——因為有在積累，效益才能疊加——如此即便是再小的事都會產生累進效應。

好比說話能力，就是一種愈練習、愈能夠把腦中想法表達清楚的能力。以前我還在上班時，就練習過如何在人群面前把話說清楚，也會利用站在臺前的機會，試著冷靜地把腦中的想法表達出來，閒暇時就閱讀如何說話的書，當時確實有感受到講話變得有條理。

然而我當時的職務是工程師，工作上用到溝通的時機並不多，學習說話能力對我有幫助嗎？老實說，好像真的沒多大幫助，因為工作性質的關係，我經常是一人獨自工作，感覺並不太需要「說話」。但不管我是想法天真，還是懷抱希望，我相信說話能力就是會跟著自己，將來有一天會派上用場。

果不其然，即便後來離職轉變成自主工作者，需要與人溝通的時機似乎變得更少，但學會如何精準表達還是在寫作上幫到我。而且有誰料想得到，後來為了錄製影片上傳到影音頻道，當初練習過的談吐技巧也都應用上了。

讓能力跟著自己走，掌握工作的主控權

我在多年前創辦部落格時也有類似體會。通常來說，讀者會來到我的網站，是因為被某一篇特定文章吸引，多數讀者看完後就會離開，不過有一部分讀者會想繼續閱讀其他同類型的文章。而要留住讀者繼續閱讀，網站文章數量多寡是關鍵，網站裡的文章若不夠多，讀者瀏覽後沒興趣就離開了。

那段累積文章數量的日子，至今我記憶猶新。在網站剛成立的頭幾個月，一位讀者平均閱讀的文章數量約莫就一篇，每個月的瀏覽量才幾千次。但隨著我定期撰寫文章，文章主題彼此開始串聯，一位讀者平均閱讀的篇數也開始變成兩篇、三篇。另外因為網站內容篇幅變多，接觸到不同領域的潛在讀者機會也變大，後來每月造訪的人數就穩定上升。

不過重點是，我每天做的事情依舊沒變，就是專注寫好一篇文章。如今，網站瀏覽次數早已突破兩千萬，而這段經歷也讓我體會到一個道理：**成功來自於實力，更來自於持續。**

或許寫作經歷無法套用在你身上，但你只需要掌握一個要點：**不斷練習可以精進與加乘的能力，讓這個能力跟著你走。**除了類似說話與寫作能力，你不妨檢視工作中有哪些事情能不斷精進，同時也留意是否經常都在做一樣的事，花一樣的時間，只產出一樣的結果。

強調，並非做同樣的事就不能精進。好比我之前在公司的工作，有項任務是整理申請產品使用物料的表格，我後來就研究如何用更快的方式比對新舊表格的差異，也因此接觸到編寫表格程式的技能，不只省下很多工作時間，而且程式比人工校對更準確，也間接開啟後來開發記帳軟體的機會。

所以，一份工作能否精進，跟做的事情本質有關，但跟做的人本身更有關。如果你能找到系統化的方法，更快處理好你日常的工作，或是把你工作的方法標準化，這也是精進的一種，因為你會更高效地完成事情，多出時間去完成其他工作。

最後還有一點，鎖定學習可以累進的事情，也是留給自己工作上的主控權。

如同我之前上班的工作，當時我體會到如果有天我離開科技業，我在公司學的專業可說是毫無用武之地。因為那份工作需要用到昂貴的研發儀器，需要大型的生產線，需要不同的部門合作才能開發出產品，這些專業能力並非真的跟著我，而是依附在原本公司環境底下。

所以，我會再三強調要學習能夠帶著走的技能，如此你才能運用到下一份工作中，藉由工作習慣的紅利開發更多的工作技能，不至於被當前的工作或產業環境限制。你將逐漸精進自己的能力，養成的工作習慣都能一輩子幫到你。

這就是小積步法則的精神，你讓自己不被環境綁住，你靠的是你自己。

重點概覽／

◆ 如果每天做的是彼此毫無關聯的事，就很難產生累積的效果，導致看似付出很多時間與努力，但最後得到的效益卻不高。

◆ 要刻意做有加乘效益的事情，如此效益才能疊加，即便完成的只是小事都會產生累進效應。

◆ 要不斷練習可以精進與加乘的能力，讓這個能力跟著自己走，不被當前的工作或產業環境給限制住，掌握工作與生活上的主控權。

小積步法則3：樂高效應，讓實力重組擴張

沒玩過樂高，應該也知道樂高積木是什麼。世界上第一塊樂高是在一九四九年生產出來，甫上市就虜獲群眾的心。但其實樂高前身原本是一間瀕臨破產的公司。

樂高企業的創辦人奧勒・克里斯坦森（Ole Kirk Christiansen），最初是一間木製品公司的負責人，本身具備木工專長。原本營運還算順利，卻在一九三二年時遇上經濟大蕭條，公司無奈面臨破產危機，他只好資遣掉最後一名員工。但這還不是最壞情況，他的妻子在不久後驟然離世，徒留悲傷給他與四個小孩。

在扶養小孩的使命下，克里斯坦森開始著手思考如何製作玩具。憑著他過往累積的木工技術，加上他原本對木工品質的要求，做出來的玩具廣受喜愛，公司也就重新獲利，並且藉由這個轉機一舉跨進玩具市場，最後有機會製作受歡迎的樂高積木。

不過相較於克里斯坦森面臨困境沒有放棄，我更佩服的是他的家族把樂高積木推向全世界，不只在於樂高拼砌的樂趣，更在於樂高給人的啟發。

樂高最大的魅力，在於它的樂高磚（LEGO® Brick）只是基本的幾何形狀，看似小小的積木，卻能組合出無數種樂高模型。對於小孩或新手，樂高可以讓他們發揮想像力；對於專業高手，樂高可以讓他們發揮創造力，一切都來自基本的積木磚。

未來需要多重能力的通才

同樣道理，如果在工作中你能掌握幾種基本的能力，也有機會組合出各種工作能力。這其實在過去是不容易的事，以往的工作行業需要的人才更接近專才，因此以前的人更容易在一家公司做很久，職涯發展多以專精一項能力為主。至於通才，則會被認為是無心發展職涯的人，也才會出現如「樣樣通，樣樣鬆」的警語。

只是隨著網路科技延展出更多人的需求，如今的社會不只需要專才，也需要通才，不同職業間的界線也愈來愈模糊，一個人有可能早上當醫生，晚上當畫家；或者白天是建築師，晚上是軟體工程師；或者平常日當工程師，休假日當講師。在這樣的情況下，擁有跨領域能力的人也愈來愈吃香。

我大膽預期，將來的工作有愈來愈多的機會需要通才來填補，這些人都擁有綜合的能力，本身有一兩項核心專業，再經由不同的「基本能力」組合出更多能力，如同樂高可以組合出不同的模型。

好比寫作就是我看好的一項基本能力。並非我自己從事專職寫作的私心而已，現代人幾乎都離不開「文字」的世界；舉凡日常收發的電子郵件、聊天通訊軟體、寫報告、做簡報，更專業的如撰寫行銷文案、影音腳本、廣告臺詞、商業合約，都是藉由文字來傳遞訊息。一個能夠寫出合乎邏輯文字的人，就像是可以用口語清晰表達的人，同樣會跟人建立信任感。此外，寫作本身即為創作，也會讓人產生成就感。

這便是運用小積步法則有利之處，也是我想強調樂高效應的重點：**具備能夠不斷重組的能力，將擁有交匯不同能力的優勢，衍生的工作機會將更多，連帶擁有工作的自主權**。工作上，你會更容易產生成就感跟樂趣，也就更不容易拖延事情；生活中，你會有機會與不同領域的人互相交流，擴展人生經驗。這也是小「積」步法則的另一個意思，除了積累，也是提醒我們要去學習可以組合的能力，像樂高積木般組合出不同模型。

如何成為前二%的人？

關於組合能力的好處，享譽全球的《呆伯特》系列漫畫作者史考特．亞當斯（Scott Adams）有獨到的見解[8]。他認為人想要出人頭地有兩種途徑：一、在某件事上成為頂尖的人；二、在兩三件事情上成為厲害的人。這個概念如下：如果你的能力排在一個領域的前五%，你確實是該領域前五%頂尖的人，但如果你身上有兩種能力，其一是某個領域的前二〇%，其二是另一個領域的前二〇%，兩個能力交互作用起來，也相當於成了前四%的人。亞當斯會有這番見解，正是因為他結合漫畫與辦公室笑話兩個領域的題材而成為暢銷作家。

對於這個觀點，我也有深刻體驗。

我是在二〇一一年開始寫文章，當時只單純想把自己的理財經驗分享出來。綜觀當時，網路上跟投資理財有關的部落格已經很多，外加我又沒有寫作經驗，之前在園區的工作內容又跟經營網路無關，照理說我寫的文章難以受到陌生讀者的關注，我又是如何吸引到讀者的注意？

雖然當時我並沒有刻意做什麼來吸引讀者閱讀，但幾年後我重新整理自己寫的文章，才發現有些地方跟當時其他人寫的文章風格不同。我因為有理科的背景，所以從學生時代就潛移默化接受邏輯的訓練，這是理性的我。而我私底下也是個感性的人，喜歡沉浸在音樂的世界裡，對於藝術也有興趣。讀書時我甚至一度考慮轉到美術設計科系，最後因為考量未來出路才澆熄念頭。

但，也是因為結合理性與感性兩面的元素，我當時寫的理財文章跟別人有了不同的樣貌；同時融合理性的數字分析，也摻進感性的文字，期盼跟讀者產生更多的共鳴。加上我從大學就開始有閱讀的習慣，累積了知識紅利，所以能在文章中提出不同角度的觀點，逐漸累積固定的讀者。仔細回顧我這段過程，就是發揮樂高效應，把理性邏輯、感性想法還有學習知識集結起來，變成一篇又一篇的文章。

當然，你還是可以傾全力發展專業，成為某個領域最優秀的人之一，如果達成了，也自然會享有該領域大部分的資源、經濟與地位。

只是你也得明白，要成為一個領域最前面五％的人，跟成為兩個領域交集起來前四％的人，前者的難度高出不少，也更加受到天賦多寡的影響。何況，當你成為兩個領域交集起來前四％的人，你只需要再加入第三個新領域的能力，即便只是新領域前五〇％的人，交匯起來你也是前二％的人了。何況你還可以因此不斷組合工作能力下去，如同樂高組合出不同的模型。

如何成為前 2% 的人？

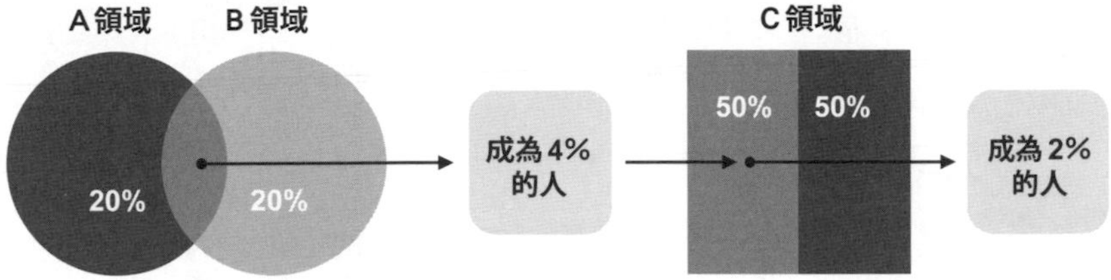

若你身上有兩種能力，各為其領域的前 20%，等於成為前 4% 的優秀人才；再加入第三種能力，就成了前 2% 的頂尖人才。

無論專才或通才，目標是找到自己喜歡做的事

然而，在不同領域之間持續交集，會不會也代表市場的需求愈來愈冷門？總不能看似滿身技藝，實則曲高和寡。這就回到開頭所說，科技會延展出更多人類的需求，傳統的職業不斷在退場消失，但嶄新的職業也不斷被發明催生，現在看起來冷門的市場，可能只是在等一個發展的契機而已。

好比二十年前絕對沒有所謂「小編」的工作，但如今已經是個大家都熟悉的社群職位⑨。如果說將來在人工智慧普及的情況下，市場開始需要「優化人工智慧專家」、「代客設定人工智慧」的人才需求，我不會感到驚訝。

何況，發揮樂高效應並非指短時間就要具備多重能力，而是先從會跟著自己的基本能力開始培養，再慢慢成為一兩個領域中夠厲害的人，有心力再跨足第三、第四個領域；過程中依然會需要專注跟聚焦的習慣。

成為專才還是通才，並沒有誰好誰壞，重要的還是回歸你自己想成為什麼樣的人。我的經驗來看，**做自己喜歡的事，永遠比做其他人希望你做的事來得重要**。因為當你在做自己喜歡的事時，才會更願意投入心力，也更享受過程與堅持下去。不過，無論是專才還是通才，若能運用小積步法則，組合工作能力產生樂高效應，就算是在單一專業領域裡也很有幫助。

善用小積步法則，朝想要的人生前進

整理一下，小積步法則擁有三個效應：

效應一 **骨牌效應**：藉由一件小事去推動下一件更大的事，讓事情之間如同骨牌產生連鎖反應。最初只需從小事開始，最後以完成大事結束。無論工作或人生中，要完成的目標愈大，愈應該將目標由大化小。

效應二 **累進效應**：做的事情要能夠持續累進成果。除了事情彼此的關聯性，你還需要檢視是否都在重複做一樣的事，能力卻沒有跟著精進。如果一件事可以經過練習不斷成長，累進效應才會存在。

效應三 **樂高效應**：需要擁有數個可以如同樂高積木「組合」起來的基本能力。一旦能力可以被組合，它將比單一能力擁有更大的影響範圍，也帶來更多的工作機會。這好似「第一原理[10]」（First Principle），先回歸事物基本的條件，再重組出新的資源。

了解小積步法則後，接下來你在培養任何能力，都提醒自己要從小事開始，要在過程中累積能力，然後培養可以組合的基本能力。當你開始拖延時，也記得從小事情開始做起，透過能積累的小事，可累進的步驟，可組合的能力，一步一步有方向性地朝著想要的人生而去。

然而，雖然未來可能需要更多的通才，但這裡說的通才並不是真的只要會很多事就好；因為什麼都會的人，還真有可能什麼都只會一點。因此我們有必要了解如何不當個「無效的通才」。

其中的關鍵就在聚焦，而且不能是錯誤的聚焦。

重點概覽／

◆ 樂高的積木磚只是基本的幾何形狀，卻能組合出無數種模型。同理，若在工作中能掌握幾種基本的能力，也能組合出各種工作能力。

◆ 將來的工作會需要更多擁有綜合能力的通才，這些人並非只是會很多事，而是本身有一兩項核心專業，再經由不同基本能力組合出新的能力。

◆ 培養能力時提醒自己：要從小事開始，要在過程中累積能力，要培養可以組合的基本能力。

又忙又累，為何時間還是不夠用？

學者史金納應該沒料到，那個箱子會徹底影響幾十年後人的行為。

一九三〇年代心理學家史金納（Burrhus F. Skinner）與他的團隊，設計了一個餵食老鼠的箱子，成了著名的制約實驗箱的原型，後人因此俗稱此類箱子為「史金納箱」（Skinner Box）。這類實驗箱裡會有一根槓桿（lever）跟一個飼料盤，老鼠只要按壓槓桿就會有飼料可吃。幾次的「訓練」後，老鼠就會為了持續吃到飼料一再按壓槓桿。後來還有實驗發現，相較於每壓一次槓桿就掉一次飼料的固定模式，改用偶爾掉出飼料、偶爾不掉的隨機模式，會讓老鼠更頻繁地按壓槓桿⑪。

這結果在當時開創「操作制約」（Operant Conditioning）的理論，引領許多學者做出更多實驗。世人也漸漸知道，肯定出現的獎勵會讓人被制約，但隨機出現的獎勵更會讓人上癮。

時至今日，類似此制約的隨機模式遍布於各大電腦應用程式之中，包括社群平臺、遊戲寶物、影音頻道等，只要使用者在軟體介面中執行某個動作，比如點選或下滑查看最新內容，就等於實驗箱裡的老鼠壓了一次槓桿，而你我使用的手機即好比那個箱子，至於老鼠則好比……就不說了。

人會因注意力消耗而疲累

我之所以對時間管理有興趣，一個原因是我從小就容易分心，周圍的新事物很容易就引起我的興趣。說好聽點，我是一個好奇心重的人，說不好聽，其實就是注意力容易分散。

不過我是到了出社會後才漸漸留意到，注意力流失對我造成有害的影響不是只有一時半霎，而是一整天。其中一個負面影響就是容易疲累。

那是我在某日去完賣場之後察覺到的事。在那之前，我始終認為自己之所以不愛逛賣場，是因為採買對我來說是個例行公事，覺得無聊所以排斥。然而，那天我忽然意識到原來賣場對我來說不是無聊，反而是太有趣。賣場的商品不知凡幾，隨處有新玩意可翻看，商品資訊成群地映入眼簾，逐一占據我的思緒。除非我刻意控制，否則注意力就會不斷切換，再不斷消耗。

難怪，每次我從賣場回家後都感到特別地累。

基於實驗精神，我在後來幾次到賣場時，刻意不去看架上陳列的商品，只專心拿購物清單上的物品，拿完後就在一旁放空等待家人。我發現那幾次回家後的疲累感明顯減輕。

後來我從很多文獻中也讀到相關研究，得知人確實會因為注意力消耗而疲累。

把注意力當成有限的資源來管理

關於流失注意力為何導致人疲累，心理學家用了傳神的「認知頻寬」來比喻。如同電腦一次執行太多程式，電量消耗會變大，系統頻寬不足會導致降速，人的認知能力也會因為接收過多訊息而變遲鈍。當各種訊息不斷湧進大腦時，注意力就會不時地切換，人處理訊息的速度就會下降，同時精力耗損變快。

可惜的是，人的認知頻寬無法像電腦硬體一樣擴充，也不像買個更大的行李箱，就能夠解決行李裝不下的問題。而且隨著人的年紀變大，注意力頻寬還會跟著下降，退化的過程也是不可逆的。

不過既為可惜，亦為幸運，當我們知道一件事注定有限，我們就更應該找方法珍惜它，把注意力當成有限的資源來管理。

在這時代，有意識地保護自己的注意力很重要。原因並非人的意志力變弱了，而是誘惑變多了，也變強了。若是在數百年前，一則消息需要好幾天的時間才能從遠方傳來，如今只要點選螢幕，彈指之間就能取得。在如此海量的奇聞、訊息鋪天蓋地而來的情況下，人類的意志力根本無從招架，我們最好的方法不是對抗它們，而是避開它們，好好保護珍貴的注意力資源。這也是我在第一章中特別強調，改變習慣的第一步不是改變行為，而是隔絕會干擾你的事物。

有句話說：「你的時間在哪裡，成就就在哪裡。」這句話我現在會解讀成：**你的注意力在哪裡，成就就在哪裡**。而當時間管理變成了注意力管理，專心也變成了一種專業。

在將來，擁有專注的習慣會愈來愈有優勢，你可以更快地識讀資訊，更有效地吸收知識，擁有更多的習慣紅利。換個角度看，在這個處處讓人分心的環境下，你只要懂得調配自己的注意力，在需要的時候掌握自己的專注度，你的成效就會超越許多人。

工作時要專心，生活時要放心

關於史金納箱的實驗，有個較少被人提及的資訊：動物在反覆實驗的過程中，可能會出現焦躁的現象。

你不妨留意自身的體驗，在漫無目的上網的狀態中，或是你還有事情要做卻放不下手機時，你的心情是更愉悅還是更焦慮？你之後是更專心做事、讀書還是坐立不安？睡前捨不得離開手機、電視，會讓你更好睡或者睡不飽？

現代人的忙，不一定是時間不夠的問題；現代人的累，很多是注意力耗竭的關係。如果都是為了錯誤的事忙碌，時間永遠不可能足夠，工作再努力，成效也會被打折。尤其是現代人被太多低品質的海水型快樂給耗掉時間，玩得愈久愈覺得空虛，因此就想花更多時間獲取快樂，下場是愈來愈累。

相對地，如果你把時間投入在「高優質的快樂」上，你的愉悅感不只會累積，還會持續更久。前面說過，這類的快樂通常跟體驗、創作、進步有關，而且獲得的愉悅感會直接兌現成心靈上的滿足感。比如專注做一件手上的事，跟朋友度過一段愉快的時光，聽到一首感動的歌，完成一趟難以忘懷的旅行，讀一本無法停下來的書，沉浸於寫作、繪畫之中。

我不是在鼓吹人斷絕遊戲、網路或手機，我自己也是依賴者。工作上我需要用網路來查閱資料，生活上會需要用手機來調劑生活，工作之餘偶爾也會打電動、看漫畫，還有看貓狗影片。

手機跟網路娛樂也並非無法帶給人快樂，觀看貓狗影片更是真的會讓人產生幸福感，但我們應該學習控管這方面的休閒娛樂，分配時間使用，讓手機這類的物品變成我們的工具，而不是我們變成企業營利的工具。

工作時專心工作，生活時放心生活，讓娛樂帶來真實的快

海水型快樂 vs 高優質快樂

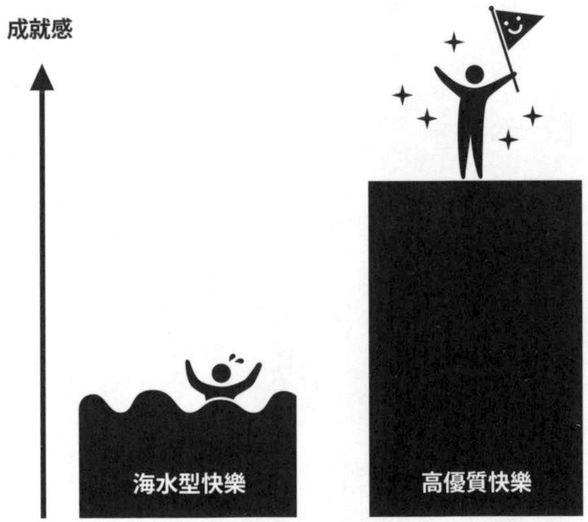

高優質快樂帶來的成就感，遠高於海水型快樂。

樂，在有限的時間裡發揮自己最大的潛力，這才是管理時間的用意。在應該專注時充實地運用時間，在需要放鬆時快樂地享用時間，讓自己忙得充實、累得滿足，而不是花了太多時間，結果換來的是生活焦慮又不滿足。

重點概覽／

- 當注意力不斷切換時，人處理訊息的速度就會下降，同時會感覺精力耗損變快。
- 注意力是有限的資源，應該找方法管理並珍惜。
- 在當前處處讓人分心的環境下，只要懂得調配注意力，學會掌控專注度，成效就會超越許多人。
- 手機跟網路娛樂並非無法帶給人快樂，而是要控管使用它們的時間，讓科技產品成為自己的工具，而不是讓自己變成企業營利的工具。

CHAPTER

5

工作的習慣

真正的實力，
來自會跟著你的能力

職涯必備的工作習慣：學習帶著走的能力

「少了公司的加持，自己還有什麼價值？」還在上班時我不時會用這句話問自己，語氣中看似貶低的意思，實則要謹記一件事：真正的實力，來自會跟著自己的能力。

在科學園區那三年半，我學到寶貴的能力之一是用專案的方式管理手中的工作。專案管理並非工程師的工作職責，我之所以會學到，是我在開會時從旁觀察來的。

我待的是一家做通訊產品的公司，我所屬的部門同時要負責研發與生產，所以開會時都是各大部門的人一起參與，偶爾要跟海外客戶進行電話會議。

通常會議室裡情況是這樣：不同部門的人齊聚一堂，專案經理會輪流跟人討論進度再分配工作。如果當下討論的內容跟自身負責項目無關，有些人就會低頭用電腦或做其他的事，討論完的人也可能先離開會議室。

但我的想法有些不同，我會盡可能在一旁仔細地聽，記錄專案經理如何統籌專案進度。即便當下還沒輪到我負責的項目，或是已經可以先行離開，我依然會留下來觀察其他人負責的工作內容。我這麼做並非工作太閒，而是希望藉此學習管理一個專案的能力。

以我擔任的工程師角色來說，確實只要負責設計電路就好，但我把學習專案管理的工作當作是一種職涯訓練。當時的我認為或許有一天我會擔任專案經理的角色，所以希望多學一點，對手上專案的進度也能有進一步掌握。

這是我當時看待工作發展的觀念：**不是因為當上主管了才有主管的能力，而是先有主管的能力才能當上主管**。也就是說，如果想擔任管理職，應該要在成為管理者之前就開始學管理。

雖然後來我離職了，但用專案思維來管理工作的習慣依然跟著我到現在。無論是寫一本書，錄製一系列的影片，或是跟客戶合作一個方案，準備一場演講，在我看來都像是一個專案，都可以運用專案思維來管理。

更甚者，如果你把人生當成一家公司來經營，具備專案管理的思維習慣也有幫助，此能力將會跟著你面對人生大大小小的問題。

為什麼要學習帶著走的能力？

工作中可以帶著走的能力，確實是更值得學的能力；之所以重要，關鍵原因是在累積。前面提到習慣紅利會帶來的複利效應，其中能不能「累積」正是關鍵。當你做一件事情的成效能跟著你時才會出現複利效應，長遠來看更會成為別人奪不走的能力。

至今我目前運用到的工作能力中，許多就是透過累積才精進。好比我現在追蹤工作進度的方法，源自我以前在公司跟進專案的方式；現在跟客戶溝通的技巧，來自我以前跟外國客戶往來的觀念；閱讀英文與尋找資料的能力，來自我求學與工作時研讀論文的能力；外出演講授課的能力，來自我在公司內部主持會議、當講師的能力；邏輯思考的能力，來自擔任工程師解決問題的能力。

如果要再往前追溯，大學創辦社團的經驗，後來在創業時幫了自己一把；經營社團學過的音樂剪輯技巧，如今用在了製作影片上。這些在學生時期學到的能力，都意外在今日能派上用場。

誠然，擁有獨特的專業能力肯定會為自己加分，但會跟著自己的能力，才能讓你不受產業與工作環境的限制。畢竟愈是專精的能力，應用範圍相對來說只會愈窄，而且也愈可能僵化人的思維。除非你能肯定自己一輩子都會在同個專業領域裡面工作，否則接下來這個問題你就要時常問自己：

如果離開這家公司以後，你還剩下什麼？

好比前一章提到，我之前在科技業的研發專業能力，會因為缺少昂貴的儀器跟設計軟體，無法在家或靠一個人就實現；就算想要成立公司，幾億的資本也不夠。換句話說，如果我在那份工作中只學會研發技能，當我離開公司後等於什麼能力都沒有，我也只能繼續尋求同產業的工作。

專業能力固然重要，但工作上應該要培養累積能力的習慣，學習真正能跟著自己的能力，因為工作愈久愈會明瞭——能夠持續發揮的能力才是真實力。這些能力會跟著你，你自己一個人也可以透過學習加強，然後它就會不斷形成能力的複利效應，在你將來任何工作中都持續產生習慣紅利。

哪些能力可以帶著走？

我無從得知你的工作型態，但有些關鍵能力是無論在哪個工作領域都可以培養起來。它

累積跟著自己的能力

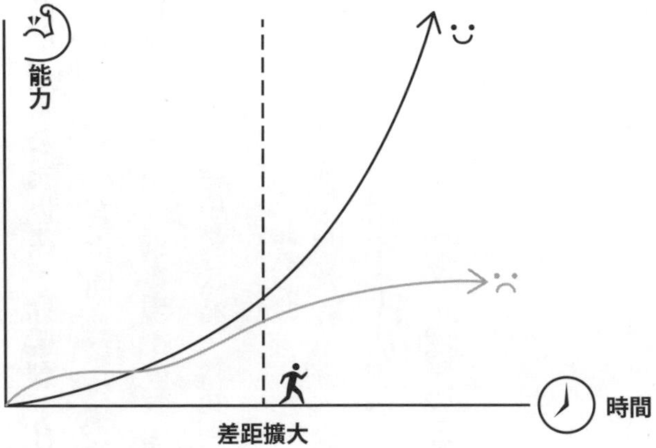

學習真正能跟著自己的能力，才能不斷形成能力的複利效應。若沒有累積帶著走的能力，就會如圖中灰色曲線，成長幅度有限。

們就像是一棟大樓的基石，是現代人在網路時代的野外求生技能，你愈具備這些能力，愈能在不同的領域裡面生存下去。以下我列舉三個是你可以隨時在工作中培養，也隨時可以帶到下一份工作中運用的能力。

一、表達溝通的能力

表達能力的好處不需多提，在會議討論、客戶聯繫，或是跟上級溝通中，好的表達能力都能讓溝通更有效率。然而，還有一個好處較少人留意到：你會因此享有更多的信任紅利。

歷史學家哈拉瑞（Yuval Noah Harari）在他的著作中提到，智人之所以是最後存活下來的人種，一大因素就是發展出溝通的技能，對外可以透過口語的傳遞集結更多的同伴，在人力優勢下取得不同人種間戰爭的勝利，擴大生活資源的版圖；對內，則成為部落領袖指揮部落人民的方法。

同樣，當你在跟同事、朋友說話時，你傳遞的訊息愈精準，或是愈能引起對方的共鳴，你獲得的認同程度也愈高。此外，良好的表達能力不只可以縮短訊息或信件一來一往的時間，也會增加別人對你的信任感，進而擁有心理學中的光環效應（Halo Effect）；久而久之若有升遷或新的合作機會，別人也可能先想起你。

培養表達能力還有一個好處：讓更多人看見自己。如今每個人都能在網路上發表自己的想法，也有愈來愈多人利用下班的餘暇經營副業、撰寫並發表文章，有效的表達都會增加訊息擴散的速度，也會增加你被人關注的能見度。

二、安排工作進度的能力

問你：在你現在的工作中，有多少時間是獨自面對電腦螢幕工作？

管理大師彼得．杜拉克在一九五九年率先提出「知識工作」（Knowledge Work）一詞，隔幾年他再提出「知識工作者」的身分。他後來更宣稱：「無論是企業組織或非企業單位，對於二十一世紀的機構來說，最有價值的將是知識工作者以及他們的生產力。」雖然當時少有人明瞭知識工作的內容，但趨勢從不理會人是否明瞭，時至今日人類早已全面跨足到知識經濟時代。

廣義來說，知識型工作意味著不需要操作機具，一人就可獨自進行的工作。在工業時代，工作模式是由上往下層層分配任務，而且有既定的標準跟前例可依循；知識時代的工作者雖然也是收到指派的工作，但完成工作的過程更需要自行摸索，也更考驗工作者如何安排工作進度。因此，知識工作者更仰賴的是大腦而不是設備或機具，也更需要運用腦力提高生產力，若再加上近年來開始盛行的遠距工作模式，現今工作者更需要克服讓人分心的事物，所以學習安排工作進度的技巧更是值得。

換言之，培養安排工作進度的習慣，在知識時代是一種隱性優勢。無論你從事的是什麼工作內容，無論你的工作年資有多久，學習安排工作進度都是值得你留意，也是會跟著你的能力。一旦你善於安排目前的工作，將來無論做什麼新工作也會更快上手。

三、提問與思考的能力

《QBQ！問題背後的問題》是本啟發人思考的書，以下這句話是我讀完這本書的總結：每一個好的解決方案，都可以還原成一個好的問題。

人的職場工作價值，很大一部分來自解決問題的能力，而要有解決問題的能力，就要能提出好的問題，還原事件的本質。好比某個人的業績比其他人好上數倍，與其問「為什麼他的業績那麼好？」不如問「他做了什麼事情讓業績更好？」主管指派你承接前人的工作，與其問「之前的人都怎麼做？」不如問「還有哪些地方可以改進？」

早年我還在公司上班時，就有一個看似「反常」的工作習慣。記得某次我從同事手中承接一項任務，內容是要測試某個舊產品的數據並整理回報給客戶，交接工作時我詢問同事都用什麼方法測試，以及使用該方法的原因。當時我得到一個很常見的回覆：「之前的人都是這樣教他測試的。」聽完後我沒多問什麼，就繼續依循前人的工作方法，畢竟經驗法則是一種穩定解決問題的方式。不過，我心中依然提醒自己：之前的人都這樣做，不代表就沒有更好的方法。

幾天後，我已熟悉原本的測試環境，我轉而問自己：「有沒有更有效的解決方法？」隨後逐步改進測試流程，在相同的成果下縮短測試的時間，我也因此有了更多的時間可利用。

提問力，就是思考事情本質的能力。尤其現今社會的資訊量已經氾濫，其中不乏錯誤的消息，當你被流於表面的訊息給誤導後，你也只能延伸出流於表面的作法。而透過提問的習慣，才能引導自己去思考底層價值的事情，篩選出有幫助的訊息，衍生出新的解決方法。

學習從不同角度思考問題，才會找到更好的方法解決問題，這樣的能力套用在不同的工作場合都適用。

如果你目前在職場中未注意到這三項能力的重要性，建議你可以著手開始學習，甚至將其變成工作上的習慣。除了這三項，其他也會跟著你的能力如設計簡報的能力，分析歸納、做筆記的能力，時間管理的能力等，也都是值得投入心力慢慢學習，在工作中逐漸累積自己的職涯優勢。

重點概覽／

◆ 要時常提醒自己，在少了公司的加持下，自身能力還有什麼價值？

◆ 三種值得培養會跟著自己的能力：表達溝通的能力、安排工作進度的能力、提問與思考的能力。

◆ 溝通更有效率，會享有更多的信任紅利，被更多人看見。安排工作進度是知識時代的隱性優勢，也可更快融入其他新的工作。提問思考能力有助於了解問題的本質與底層價值，衍生出新的解決方法。

讓人專注的工作習慣：學習說不的能力

在還沒有真正了解生產力的真諦時，我以為做得多就是高生產力。那時我會如此安排一天的行程：早上起來寫文章，接著背單字，然後中午回覆每一封郵件，下午修改網站的程式，校對要發布的文章，傍晚安排運動，睡前消化書單，或是坐在電腦前學習線上課程。那段時間我認為這便是充實的生活，將行程塞滿一整天奉為圭臬。

只是隨著時間經過，我漸漸發現每件事情好像都有進度，成效累積的速度卻不快，猶如一輛車的外觀是跑車，內裝的卻是老爺車的引擎。當時我每隔幾週就有明顯的倦怠感，只想賴在沙發上耍廢。

簡言之，我有在努力，卻對生活跟工作愈來愈無力。

我是後來才慢慢理解，當時的我有兩個生產力迷思：一、想要成功，就需要做很多事情。二、所謂的成功，就是要把每件事都做到非常好。

在一切看似工作充實的情況下，我更是陷入情緒耗竭的漩渦中。

不是拒絕，而是篩選

有人說，情緒是身體感受的捷徑，反映的是我們尚未知道的事情。如同工業時代的副作用，是像水、空氣汙染的資源耗竭，知識經濟時代也有副作用，就是在知識洪流下導致人的心力過度耗損，過多不必要的工作占滿時間，逐漸形成情緒耗竭（Emotional Exhaustion），連帶汙染人的身心。

情緒耗竭通常會出現幾個徵兆：做事無法專心、容易不耐煩、感到孤獨，或是疲倦感明顯加重、焦慮、莫名想哭，這些都是人過度耗損自己的現象，只要長期出現這些症狀就該留意；而緩解的方法之一，就是拒絕不必要的事情。

不過說到拒絕，有些人會覺得壓力很大，因為拒絕別人可能會破壞人際關係，這是人類自古以來流傳的習性。在遠古時代，人的一舉一動皆會在部落中口耳相傳，部落與隔壁部落間的距離也是走路就能到達的範圍，所以每個人的言行、聲望都會受到其他人的檢視。在如此強烈共生的需求下，拒絕別人就意味著斷絕與人一同生存的機制。

雖然現今每個人都是獨立的個體，但部落群聚的習性還是深藏在我們的血液裡，那是無法抹除的本能習慣，所以人難免會擔心拒絕他人而遭受批評。

然而，現代的我們雖然還是需要社交，但社交模式早已非遠古的部落型態，合理地拒絕別人並不會真的破壞共生的關係。所以我們有必要重新看待「拒絕」在這個世代的用意：不是在否定別人，而是為自己「篩選」；篩選不值得吸收的資訊，保留注意力並且聚焦在對的訊息上，以及篩選並非你應該負責的工作。

強調一下，這不同於稍後會提到的畫布策略，該策略是從學習的角度主動為上頭的人做事，在乎的不是酬勞而是經驗，這跟接受不是由你負責做的事，結果拖延到自己分內的事並不同。

投資家巴菲特說過，成功的人與非常成功的人差別在於，非常成功的人幾乎對每一件事都說不。言下之意，如果你想要在某個領域取得成就，反而該學會拒絕很多事情，專心做真正能讓你取得成就的事，要培養拒絕不重要事情的習慣；你的目標不應該鎖定在完成工作的數量，而是工作的品質。

學習說不，正是為了讓自己保留意志力去做值得的事情。畢竟在知識經濟時代下，資訊量只有加快膨脹的可能，人的意志力演化速度也不會那麼快跟上。意志力是有限的資源，如果不學習如何說不，精力耗竭的可能性只會更嚴重。

休息過後，工作績效其實更好

另一個需要學習說不的原因，是讓大腦確實切換工作與休息的模式。

在工業時代，因為人需要到現場操作機具才能工作，上班與下班的界線輕易就能區分。但在知識經濟時代，人的大腦就是工作主要的機具，也等於隨時隨地都能思考工作的事情，有些人因此終日處在「開機」的工作模式；在辦公室努力工作，在回家的路上思考工作，在洗澡的時候想著工作，在睡覺的時候煩惱工作，看似有了更多的工作時間，實則工作效率愈來愈低。

然而，如果下班時間還在想工作，那下班是為了什麼呢？

也許有些人會擔心，別人在加班自己卻在休息，萬一落後別人怎麼辦？事實上這也是工業時代遺留的迷思。工業化生產最著名的例子就是福特汽車的生產線思維，每天固定工作八到十個小時，在工廠操作固定的機械工具生產產品。對於這種生產線模式的勞力工作，只要體力足夠支應，做的時間愈多自然產出愈多。然而，相較於以前偏重勞力付出，現代人做的工作多是腦力付出，而大腦是人體主要消耗熱量的地方，兩者在同樣的工時下，所消耗掉的精力其實並不同，縱使體力還足夠，但思緒跟注意力可能早已無法集中。

何況，休息過後的工作效率會比休息前好。在一份二〇〇九年的職場實驗報告中指出①，員工在休假後的表現與對工作的滿意度，明顯比休假前還好；其他研究中則指出，完整休息也有助於減緩工作焦慮、提升免疫系統。

我不否認，短期內增加工作時間可以換取更多成效，但與其偶爾要拖著疲累的身心繼續工作，不如在平時就養足自己的精力，養成吃好、睡好、定期運動的習慣，讓自己有充沛的精力工作，在每一天穩定累積工作進度，而不是在某幾天趕工彌補進度。

所以，該休息時要學習跟工作說「不」，讓大腦真正地放鬆與休息，睡好覺、充飽精神才是長期維持高生產力的方法。

對別人說「好」，就是對自己說「不」

然而，向別人說不，真的不會損害人際關係嗎？老實回答，難免會，因為社交是人的基本需求。

在演化生物學中有個名詞是「交互利他行為」（Reciprocal Altruism），大意是動物會先釋出好意給其他動物，然後等到下次需要幫忙時，別的動物才會幫自己。比如動物會分享採集的食物給其他的動物，下次沒找到食物時就不用擔心餓肚子；或是看到危險時發出叫聲提醒同類，下次獵食者出現時就不用擔心來不及跑。反之，如果有動物不肯互惠其他動物，下次變成需要其他動物幫忙時則會被冷落，遭到「以牙還牙」式的懲罰。

換句話說，在交互利他行為的背後，代表著如果不跟著做就會受到群體的排擠。

而我們人類並沒有因為演化拋棄這個習性，也留下拒絕別人會產生愧疚感的遺毒，當有人先幫你做了一件事，下次人家要求你幫忙時，自然會覺得一定要回報對方什麼。即使對方後來提出的要求，比之前給予你的協助還多，你心中依然會猶豫是否應該要幫對方，避免被人說三道四。

然而，人類比其他動物進一步演化了，在群體中出現更擅長利用他人的人，知道有些人不懂得拒絕，就利用對方的好心來完成自己分內的事。我以前在公司就遇過這樣的人，知道某些同事就是不好意思拒絕別人，因此會以分擔工作名目要求對方協助，結果是被要求幫忙的人經常得加班才能做完自己的事。

雖然在職場中，不是每件別人託付的工作都真的能婉拒，特別是比自己資深的人交代的任務，但你依然要練習拒絕不屬於自身責任範圍內的工作。否則因為幫了別人而導致自己分內工作延宕，你反而阻礙到自己的發展，後果也是未來的你在承擔。就算你是抱著學習的心態接下別人的請託，自身責任範圍內的工作還是要優先做好。

其實，沒有拒絕對方，一時對自己造成的影響通常不大，而且至少維持住人際關係，也就更增加你配合的意願。但你不妨進一步思考，這些人際上的考量都只是把注意力放在短期的利弊上面，雖然短期確實利大於弊，長期卻是反過來。你因為幫同事一次，就會不好意思拒絕第二次，然後愈來愈常加班，工作績效變差。因為答應同學出遊而拖延課業，導致課業進度愈拖愈落後，嚴重還影響到升學以及職涯的發展。

也就是說，不懂得回絕是因小失大，包括失去你自己。

職場是應該互相幫忙，但不是要讓自己變得更忙，任何的選擇都是一種取捨，當我們對原本應該拒絕的事說「好」時，等於是對自己的事說了「不」。反之，**當你「拒絕」別人時，你其實是在「接受」自己，知道自己真正想要什麼，也願意付出心力維護。**

要知道，人際關係不該只是單方面維持，如果對方因為你的拒絕而怨懟，你反而因此認清對方真實的那一面。

拒絕要和悅，解釋要合理

我相信只要在拒絕時告知對方原因，被拒絕的一方多少都能理解。但畢竟是回絕，語氣和緩點成功機率還是比較高，關鍵是回絕時要給出合理的原因，而不是隨便搪塞一個理由就想打發掉別人。

比如與其回一句：「我現在很忙，沒空。」改用「我現在手邊有某某客戶的事要做，真的沒辦法。」或「手上的工作是主管指派，我要在期限內趕出來。」明確地說出自己的難處，表示你是真的抽不出時間，並不是想為難對方。回絕時不糾結，也是為了彼此不要在這件事摻進太厚的情緒，變成對人不對事。

當然，這些都是紙上談兵，實際情況也可能彼此都在為手中的事焦頭爛額，對方必須要你優先處理不可。如果最後雙方僵持不下，就交給主管決定，一來要讓主管知道你的工作進度，二來需要主管分配資源。

總之，要培養何時該說不的習慣，不能當個什麼都好的人；什麼都好的人，其實對自己最不好，因為沒有重視自己的需求，久了之後怨懟人生的人反而是自己。

重點概覽／

- 避免兩個生產力迷思：一、想要成功，就需要做很多事情。二、所謂的成功，就是要把每件事都做到非常好。
- 學習說不，是為了保留意志力做值得的事情，或是讓大腦確實切換工作與休息的模式。
- 高生產力不是指做了很多事，該休息時要學習跟工作說「不」，讓大腦休息才能長期維持高生產力。
- 任何選擇都是種取捨，當我們對應該拒絕的事說「好」時，等於是對自己的事說了「不」。
- 要培養何時該說不的習慣，不能當個什麼都好的人。

工作的意義，來自你知道自己想做什麼

至今為止，我有過兩次的退休經驗。第一次是在二〇〇九年，那年我離開科學園區褪去工程師的身分，過了約莫一個月悠哉悠哉的日子。另一次是在二〇一九年，我過了將近一年放慢步調的生活。或許有人質疑，這算哪門子的退休？沒錯，如果以傳統定義來說這不是退休，退休應該是再也不用工作，可以盡情享受生活。但，真的是這樣才能叫退休嗎？

傳統退休 vs 現代退休

嚴格說來，我這兩次的經驗確實不是「傳統」的退休，至少以目前社會的普世標準來看，退休依然是六十歲之後才有資格談的事，這種短期的退休比較像是給自己一個短暫的假期（mini-break）。

但無妨，我要過的是自己想要的退休生活，而不是別人定義的退休生活。我希望不管在任何時間退休時，手邊依然有工作可做，差別在於有沒有收入而已。我的計畫是這樣：隨著年紀愈大，我為錢做事的成分就愈少，我可以選擇自己想要的時間工作，選擇想要的內容工作，可以選擇跟誰一起工作；跟自己一起工作的人很重要，職場的問題總是離不開人的問題。

其實，所謂的退休，也不過是近來兩百年的事而已。十八世紀之前人們並沒有退休的觀念，當時的人真的是「做到死」；不是做到沒命，而是沒命可做，撒手人寰，血條歸零。

在那時代，人類平均壽命約莫四十歲，只有少數人可以活到鬢髮如銀。何況當時能活超過四十歲的人，不少都是貴族或富豪，好像不需要工作賺錢。如今，我們因為有可能到了七八十歲還健在，所以不得不考慮沒體力工作時的退休生活。

然而，隨著人類進展到知識經濟時代，工作中使用腦力的機會遠比勞力還多，體力似乎不再是決定能否工作的關鍵。體力跟工作產值的關係逐漸脫鉤，退休跟工作年齡的界線逐漸模糊。

換個角度來想，現代人對於上班跟下班的差別，工作跟休息的切換，是不是也正在模糊化？先撇開下班時間主管是否有權傳訊息給部屬的正當性問題，只要你的腦袋還沒進入休眠狀態，你隨時都可以想公事，隨時都可以上線工作。

言下之意，倘若只能在某個年齡之前工作，某個年齡之後完全不工作，如此劃清界線才算是退休，那其實跟每天限定白天八到十個小時只許工作，中間不能休息，下班完全不能想公事是類似的概念，差別在於時間觀是一天或一生而已。

所以，什麼才是退休？我自己是如此定義：你有某種程度的自由，可以選擇工作或不工作。這句話我要寫清楚點，是有自由可以選擇工作或「不」工作，如果你在某個歲數以上被迫退休，之後的生活也沒事可做，那一樣是不自由的退休。

而不自由的退休，其實是對健康有害的。

工作太拚命有危險，沒事可做也不健康

已經有愈來愈多的研究指出，人在退休後要小心憂鬱找上門，罹患憂鬱症的機率會增加四〇%。乍聽之下很詭異，退休不是應該更有餘裕享受生活嗎？每天忙著工作時，恨不得可以躺在沙發上追完一齣又一齣的劇，或是出遊玩樂，怎麼有了時間之後反而鬱悶了？

其實，我自己就有體會。

開頭說到二〇〇九年是我第一次過自己定義的退休生活，當時每天早上一睜開眼都很開心。離開公司少了上班的壓力，吃好，睡飽，看漫畫，看電影，日子過得不亦樂乎。

但如此悠哉的日子才過幾天我就感到不對勁。雖然長期累積的疲累感漸漸消失，但我發現心裡好像也有什麼事情跟著消失，日子過得……怎麼說，不踏實。以前回家雖然累，不時也有工作怨氣，但很少有空虛感，下班回家總是特別開心；但這些都在離開職場後消失了。漫畫不再像之前沒時間看時那樣好看了，電影也愈看愈覺得無趣，隨時可睡也代表睡眠時間沒以前珍貴。吃的呢？開始覺得可以充飢就好。

沒了事情可做，我發現生活好像少了些什麼。

類似的體會，許多人應該不陌生。你可以回想是否曾在某個假日都待在家沒事做，結果閒到發慌，甚至心情有些悶悶的。即便上網尋求海水型快樂的慰藉，但似乎逛完後更慌，直到上班日才恢復精神。

有事可做，其實是幸福的。

當然，前提是你並非被迫去做那件事情。這也就要繞回來說了，如果你的工作讓你做起來開心，生活有充實感，怎麼還會想讓它從生命中消失？希望有一天退休再也不必做？

也難怪，不少人抱著想早點退休不工作的想法，因為目前從事的是不開心的工作。這沒什麼問題，因為討厭的工作有時能提供更好的經濟條件；問題在於，有一天你終於可以離開那份工作了，**你該做什麼？**整天在家閒閒沒事反而會出事，那並不是舒服的日子，我說真的。

所以我始終認為，工作的意義不能只是收入多寡而已，如果能找到自己喜歡做的事，退不退休都沒差別了，畢竟能做著自己喜愛的工作是一件幸運的事，更是幸福的事。而幸福，無法簡單就得到，更是需要用心去追尋。

重點概覽／

◆ 退休的另一種定義：有某種程度的自由可選擇工作或不工作。尤其是可選擇「不」工作，若是被迫退休的情況，之後的生活又沒事可做，一樣是不自由的退休。

◆ 不少人抱著想早點退休不工作的想法，是因為目前從事的是不開心的工作。可以想想，若有一天你終於能離開不喜歡的工作了，你會想做什麼？

◆ 工作的意義不能只在於收入多寡而已，如果能找到喜歡做的事，那將是一件幸運又幸福的事，退不退休的差別也就不大。

換位思考的習慣：如何突破職涯發展的瓶頸？

我的電腦資料夾裡存有一張圖片，圖中左右兩個人分別指著地上的符號爭論，兩個人都堅持自己才是對的。有趣的是，身為旁觀者的我們確實知道他們都是對的，因為那個圖案是阿拉伯數字的「6」，倒過來則是「9」。

多年前我就把這張圖特別存起來，看到它總是提醒我一件事：要有換位思考的能力，要有從不同角度看問題的習慣。

三種思維角度，換個方式解決問題

換位思考，比較被人提倡的說法是能夠增進溝通的效率，避免個人陷入「本位主義」

（Sectionalism）。然而，換位思考對自身的幫助也很大，因為有時我們會被一個問題卡住，就是因為我們陷在自身的思考角度，如果藉由不同的角色來換位思考，解決問題的方法才會不同。

好比職場中有個難解的問題：工作穩定，但好像也無法再突破，該換工作嗎？許多人可以因為明確的原因氣魄地離職，比如收入不好、公司前景黯淡、同事主管難相處，但如果面臨工作中暫時無法突破的困境，到底是自己能力不夠，還是主管不賞識？是主管不願意賦權，還是主管害怕下屬的競爭？是自己的問題，還是主管的問題？

老實說，我當初在離開公司遞交離職單的前一年，就已經猶豫過工作發展的問題，面對要放棄穩定的工作與收入也同樣掙扎。當時有幾個想法幫助了我，而且在我後來不同的職涯階段也用得上。如果你正巧遇到類似難題，希望當初的經驗能幫你找個出路。

總的來說，思考一份工作是否有繼續做下去的價值，可以從三個角度的換位思維來檢視，這三個思維都代表一個身分，分別是上位者、協助者、投資者。

思維一：上位者思維

人都有一個盲點，會覺得自身某個能力或條件優於其他人的水平。好比問開車的人覺得自己的開車技術如何，是否覺得比路上大部分的人都好？多數人會說是。我認為自己就是。

但這裡面有個矛盾，如果每個人都覺得自己開車技術更好，但路上那麼多人在開車，誰的技術才不好？心理學家給這個現象取了一個很有詩意的名詞，叫烏比岡湖效應（Lake Wobegon Effect），這名稱出自一本小說裡虛構的小鎮，書中描述某個鎮上的居民都很優秀，女生都很美，男生都很帥，小孩都比世上其他兒童聰明。

言下之意，不是小鎮居民沒見過世面，就是他們不肯正視自己。

這效應在美國的大學生之間也出現過。美國大學委員會曾經調查一百萬名學生，有七〇%的人認為自己的領導力在水平之上，有八五%的人認為自己比其他人更擅長社交。

透過這個效應得知，人身上多少都有「過度看好自己」的盲點，若是自己愈常做的事情，愈容易覺得自己比別人厲害很多。持續膨脹下去，有些人還會在工作中認為別人都是笨蛋，自己比較聰明，從此不再學習。

要突破這個思維盲點，人就必須換成上位者思考。

好比職場中遇到跟主管不合的問題時，有些人第一時間就認為是主管不了解自己，只習慣從自身的角度，思考主管為什麼不重用自己。但有時候應該試著反過來思考，為什麼主管應該重用自己？如果能力真的足夠，為什麼主管不賦予自己更多的責任？一個好主管通常會樂見身邊有能力好的幹部，如此才能創造更大的產值。

採用上位者思維是要提醒自己，或許身上還有一些工作能力不足的盲點需要突破，才有機會承擔更大的責任。

思維二：協助者思維

在你還不至於做出離職的決定前，給自己半年或一年的時間，這段期間不管主管交代你做什麼跟工作有關的事，都盡力去完成，等時間到了再帶著成績去跟主管溝通，要求主管賦予你更大的責任。

我認為，能夠把主管所交代的事情做好的人，算是個好部屬，但能夠把主管沒有交代的事情也做好的人，才是個不可或缺的部屬。

不過話說回來，主管交代的事情如果照單全收，聽起來難道不是在拍馬屁？這並非無理，不過我提供一個有啟發的策略給你思考，策略名稱叫「畫布策略」，是由作家萊恩・霍利得（Ryan Holiday）所提出[2]。此策略關鍵在於：你要先幫上頭的人清出一條道路，最終你就會擁有自己的路。

聽起來這跟現代的功利主義相違背，人不是應該要主動積極地為自己發聲嗎？但這正是畫布策略的微妙之處，它的作法是先從前人手中接過他們不想做，又必須要有人做的事。也許是前人做起來沒有成就感了，或是繁忙的工作中有其他更重要的事必須由他們親自去做。

美式足球教練比爾・貝利奇克（Bill Belichick）就是運用這策略開展出他的輝煌生涯。在他說出自己的故事之前，很多人都不敢相信，早期他竟然是從一份沒有薪水，看不見功勞的球隊工作開始做起，別人不願意做的事他都包攬過來。

好比觀看比賽的錄影很耗時間，許多助教都討厭，可是當年貝利奇克不只主動看球隊比賽的錄影，還分析各種實際的對策，整理好後交給隊上的資深教練使用。重點是，他還不邀功！只把分析整理當成是分內的事，資深教練沒有給予讚賞也無妨。此外，除了去做那些別人討厭做的事外，他也像個海綿一樣，努力吸收資深教練教他的事情，而且交出超乎預期的成果。

後來，貝利奇克漸漸往球隊總教練的身分邁進，至今已經拿了六次超級盃冠軍。

貝利奇克之所以有默默做、不邀功的觀念，是來自擔任過足球助理教練的父親。他父親曾說，假如你要給隊上的教練回饋或建議，一定要在私下而且用謙卑的方式告訴他們。這道理讓他學到如何在不威脅其他人的情況下立定腳跟，一步一步成為明星級教練。

不得不說，當初接觸畫布策略時我也有點疑惑，這樣不就是任憑上頭的人搶走功勞嗎？

但後來我仔細咀嚼其中涵義，才發現裡頭深藏一個道理：在還沒有自己的舞臺之前，唯一能獲取舞臺經驗的方法，就是去幫助一個已經站上舞臺的人。在幫別人搭建舞臺的同時，其實自己也已經在舞臺上，時機到了就換自己站上去。

說直接點，**要成為厲害的人，最快的方法是在厲害的人身邊蹲著**。

比如你是一個剛出社會的人，想要盡快累積人脈、機會，這時候透過幫忙一個比你有成就的人就是種策略。雖然看起來你好像都在做他該做的事，有時候成效還比他好，但要知道，這也可能是你借用了他的資源，才有機會發揮出你的能力。或許沒有這些資源，你根本做不了任何事。而且當你能夠把對方的事都處理得更好，有一天對方也就不能沒有你。

這就是畫布策略精采的地方，因為最終能夠幫人清出道路的人，也等於掌握了別人該走的方向。就像一塊畫布，油畫樣貌確實是由作畫的人決定，但最終是畫布本身在決定，一幅作品的尺寸大小。

要知道，當你的能力真的超出主管預期，那就不只是你依賴主管，主管也依賴你，兩個人成為共生的關係。如此一來你也有更多的機會，或是建立起辦事牢靠的名聲，讓主管知道你有能力承擔更大的責任。就算你真的有志難伸，也不會被認為是在無病呻吟，離開時一定有更大的舞臺在等著你。

思維三：投資者思維

前面兩個思維都是建構在主管值得跟隨的情況下，但不得不說，不是每個人都適合當主管，而且有些主管還特別糟糕，處處搶下屬功勞又不願意栽培。此時你應該化身為投資者，用投資的思維來解決這個難題。

一般來說，公司愈大員工人數愈多，工作內容愈固定，公司倒閉的風險也愈小。只是相對來說，大公司裡的職務變動性不大，部門人多但升遷的機會就幾個，同事彼此競爭自然更激烈，勾心鬥角不意外。

所以若你在盡力後仍然不受青睞，甚至滿腹委屈，不妨轉職挑戰同類型工作的新創公司。新創公司最大的好處就是機會多、挑戰多、工作面向多，你可能才做個半年，就接觸到別人要花三年才接觸到的職務。

當然，新創公司的工作風險高，能提供的薪水也可能少，所以才需要具備投資思維，要把焦點放對，是用投資的角度去看待有挑戰的工作，投入的時間雖然無法對應到同等的薪水，換取的卻是能力上快速地發展，也更有成就感。公司若是上軌道，自己的身價也跟著水漲船高。

另一個投資者思維的角度，就是乾脆為自己工作。為自己做事，你可以自由安排工作時間，嘗試公司不看好的創意，迎接新的挑戰。既然沒有舞臺，那就自己搭建舞臺。

只是我以過來人身分建議，為自己工作勢必要承擔風險，經濟上的壓力更是免不了，所以如果你渴望為自己做事，務必要先儲存足夠的資本，再有計畫地進行。這之中包括維持生活費的存款，培養時間管理的能力，學習跟本職無關但將來需要的技能，比如前面說過的說話表達、工作管理等跟著自己的能力。接著再利用業餘時間接案做自己的事，用一人公司的角度把自己投入到市場，驗證自己的價值。

經由摸索邁向更好的職涯

當你在職場遇到困境時，轉換工作前先轉換思維是對自己更有利的方法。畢竟每一次工作的轉換都有摩擦力，耗損的不是金錢就是時間，弄不好還可能導致跟前公司鬧翻的窘境；而轉換思維就是給予自己不同的出路。

透過上位者思維，可以從更高的角度去發現自己的盲點；透過協助者思維，可以累積足夠的籌碼再去爭取更多的資源，也學習帶著走的能力；透過投資者思維，投入時間精力到更自由的環境，挑戰自己的潛能。

想起當初在工作中迷惘的我，一時之間也不知該怎麼辦，好在後來繼續尋求方法成長，畢竟當人在面對迷惘的職涯時，摸索走過還是比摸魚度過好。至於工作瓶頸最終是突破還是走過，如今在我看來都是其次，因為成長總是會帶你到更好的地方。

不過還是一句話：靠公司，公司會倒，還是靠自己好。下一篇就來看，如果真的需要換工作時，該怎麼辦呢？

三種思維，幫助你換個角度看事情

上位者思維是用主管的角度思考，或許身上還有工作能力不足的盲點需要突破；協助者思維是明瞭，若想成為厲害的人，最快的方法就是待在厲害的人身邊；投資者思維是學會用投資的角度，去看待有挑戰的工作。

重點概覽／

◆ 面對問題時要能換位思考，培養從不同角度、不同角色看問題的習慣，找到解決問題的新方法。

◆ 思考一份工作對自己的價值，可從三個角度的換位思維來檢視：

1. **上位者思維：**人多少有「過度看好自己」的盲點，能夠了解自身還有能力不足的地方，突破後才有機會承擔更大的責任。
2. **協助者思維：**採用「畫布策略」思考如何協助別人，讓自己提早獲得難以接觸到的經驗。要成為厲害的人，最快的方法就是待在厲害的人身邊。
3. **投資者思維：**用投資角度看待有挑戰的工作，先讓能力成長，工作收入才會成長。或者，投資時間為自己工作，嘗試不被公司接受的創意，迎接新的挑戰。

換工作前，如何確定自己做好準備？

我在三十歲後不時對一件事感到疑惑，如果當初我的眼睛健康沒出問題，是否就不會離開園區的工作？我不知道答案，但我想這是一個契機思考為什麼人要改變。

離職那年我即將二十九歲，原因不再多說，當時心中對於離職的鼓譟再也按捺不住。雖然在約莫一年前就有離職的想法，但最終還是因為健康問題才讓我下定決心。

「只是現在回頭看，當初離職的決定是對的嗎？」

「如果我現在還在上班，生活會是什麼樣子？」

「心情會比較安逸嗎？還是壓力更大？」

「有點想念跟同事一起吃下午茶的時光。」

離職後三不五時這些問題就會跳出來質問我，是到了後來的工作愈來愈穩定，想起這些疑問的頻率才變少，但它們至今並非完全消失。

我承認，「為自己工作」、「成為自己的CEO」這番說法聽起來相當吸引人。但我也承認，背後有許多不容易克服的問題。當你的收入來源忽然從每月穩定的薪資，轉為不定期收入甚至零收入的模式，我得說，那感受真是不好。生活還是要過，日子依舊向前，但收入尚未進來，壓力早已尾隨。

所以，每當有人詢問我離職的建議，我都是這樣回：「願意改變很好，但你是否想好離職後接踵而來的問題？」

一切的問題。

離職前沒準備，離職後心更累

假設你已經想清楚要離職，表示你確定這份工作已經學不到東西，或職場人際關係莫名鬧不合，或主管公然違反法規，或個人情緒已經被搞到懷疑人生，或身心健康出現抑鬱的情況。這些都是一份工作已經不適合你做的徵兆。

我不會勸你要堅持下去，因為在現代換工作天經地義，但前提是你要做好準備。這個準備不是跟你目前的工作有關，而是跟下一份工作有關。

來預想一種離職後的情境：因為對上一份工作沒興趣而貿然離職，你打算在找下一份工作前，先待在家思考接下來要從事什麼工作。不過想想身心已經被磨得好累，應該先放自己幾天假再思考，就當作心態歸零好了，何不呢？結果一兩天的假就變成一兩週的假，但期間依然沒有思考清楚想做什麼。

此時若還有存款就繼續度日，直到某天存款即將見底，才趕緊去找下一份工作，但又因為急著需要一份收入，所以沒有太多條件可以挑選工作，就這樣身陷另一個還不確定是否喜歡的工作，甚至某一天還開始回想前份工作的好。

這或許是假設情況，但我相信很多人都是這樣離職後又回到原本類似的工作環境。說這些，不是要讓想離職的人打消念頭，而是當我們面臨改變的選擇時，應該用精實創業的態度，用最低的代價預想可能的後果會是什麼，再回頭看自己可以怎麼應對。這在認知改變中是一種「心智對比」（Mental Contrasting）的技巧，我們在第一章已先提過：先設想好途中可能遇到的困難，最後成功實現的機率比較高。

比如你討厭現在部門的工作文化，但你要如何知道下一份工作的文化就比較好？職場中跟人有關的問題總是複雜的，就算有辦法事先打聽清楚，沒試過也無法真的確定適合自己。

除非，你能了解自己，而且有足夠的能力與資源持續嘗試。

這跟找伴侶相似，認識的人一多就會知道哪些人可以交往，哪些人要盡量避開；工作也是，萬一新工作的文化沒有比較好——是可以再換下一家——但你至少要知道喜歡的文化是什麼，先有個想法才好對照。同時，為了有辦法繼續嘗試，你也要準備好生活預備金才能持續找工作。

或者，你覺得現在的工作已經學不到東西，同事、前輩把技能藏得比海還深，大家都在諜對諜，這樣的工作環境確實不健康，就算你熬得過去，你也可能變成自己不喜歡的樣子。但在離開前你還是要藉機為自己著想，目前的職位中都沒東西可以學了嗎？以及，你想要的新能力是什麼？你要藉由這些問題引導自己找對下一份工作，確保換了之後真的可以學到你要的東西。

離職前最需要準備的兩件事

如果一時之間不知道該怎麼辦，目前工作又接應不暇，我會建議起碼有兩件事你要先做好準備：預留存款，以及預留時間。

存款，關係到的是生活費，還有在家待業期間的信心。前面說到我在離職後因為沒有收入而失去安全感，這還是在我有存款跟投資股利等不定期收入的情況下。難以想像如果我存款不多，是否有機會能夠抵禦想回去上班的誘惑，或者是脫離了上班的負面情緒，卻在家迎來另一個心理抑鬱的問題。而足夠的存款，就是給予自己空間去探索新的工作。

至於預留時間，是為了應對這兩個問題：你計畫多久之後離職？以及離職後你打算多久時間找到工作？

如同設定期限標竿（P.195），有明確的時間截止日，是為了驅動自己採取具體的計畫跟行動。有一個心理學實驗就提到，若要求實驗對象思考「明天」就要搬家，他們就會以分類、打包、裝箱等明確的詞彙來形容搬家。若思考的是之後「一段時間」才要搬家，實驗對象就會以抽象的方式來形容，用類似「開啟新生活」、「轉換心情」等詞彙來描述搬家這項行為。兩者對比之下，有明確的時間點更容易帶動具體的行為。

有趣的是，當你思考清楚預留時間的兩個問題時，因為心裡有了具體的目標，原先無止境的痛苦似乎被標上了截止日期，懸浮的心也會有個地方安置。一旦有了篤定感，你會重新看待目前做的工作，事情做起來會感到更有意義。工作內容依然沒換，相處的人依然不變，待的是同樣一個環境，卻有了不同的心境。

人在有目標的情況下，生活滿意度會提升，這是心理學中非常可信的結果。你會更清楚為什麼要做一件事，也更快樂地做那件事。

為了解決問題而離職，別為逃避問題而離職

離職是個不容易的決定，我無意說服你不要離職，但也無意說服你輕易離職。只想提醒，千萬別為了逃避問題才離職，因為這只是讓問題跟著你到下一份工作而已。畢竟喜歡的工作不好找，任何工作都有需要克服的地方，沒有什麼工作不折磨人。何況喜歡只是一種情緒，你可以因為愛慕一個人而樂於做討厭的工作，也可能因為討厭的工作而不喜歡共事的人。

世上沒有零缺點的工作，我們總是要用心走過一段路之後，才有能力分辨那段路的美好與崎嶇，也才有資格說那份工作的好與不好。

做好準備，就能果斷離職，但要為了挑戰而離職，不是為了逃避而離職。我希望你在下一份工作中擁有更快樂的人生，不過前提是，記得先在這份工作裡，累積可以帶著走的能力，蓄積自己的工作習慣紅利。

重點概覽／

◆ 改變很好，但是否想清楚離職後接踵而來的問題？

◆ 離職前先思考，目前的職位都沒東西可學了嗎？以及你想要的新能力是什麼？藉由這些問題引導自己找對下一份工作，確保之後真的是做自己想要的工作。

◆ 離職前需要準備兩件事：預留存款，以及預留時間。足夠的存款，能給予自己空間去探索新工作；預留時間，則是計畫多久之後離職，以及多久之後要找到新的工作。

◆ 不要為了逃避問題才離職，這只會讓問題跟著自己到下一份工作而已。記得先在目前的工作中累積可以帶著走的能力，蓄積工作的習慣紅利。

CHAPTER

6

金錢的習慣

打造穩固的財務基礎，持續累積投資收入

最重要的金錢習慣：先支付你自己

諾貝爾物理學獎得主理查・費曼（Richard Feynman）曾說過一個概念：如果今天人類文明即將滅亡，現存的科學知識都將隨之消弭，而你有十秒的時間可以留一句話給後人，接下來這句話將讓你挽救人類文明。

「所有的物質都是由原子組成。」

這句話雖然簡短，包含的資訊量卻浩瀚無垠，足以縮短探索物理的時間，加快人類文明復甦的速度。同樣道理，如果我只能分享一個理財觀念給你，那就是這個金錢習慣：凡事都先支付你自己。

先支付你自己，言下之意就是當你領到任何收入時，都要先把該存的錢保留起來，其餘的才支付給自己以外的事物，好比生活各種帳單、貸款、額外娛樂費用等。當然，它不像費曼的那句話博大精深，但肯定可以為你的理財打下穩固的基礎，讓你在投資理財上的進展加快許多。

要先支付你自己的三個原因

原因一 這是直覺好用的金錢管理術

如同分辨事情的優先順序可以增進工作效率，先把該存的錢存起來也會增加理財效率。而且當你養成習慣後，你幾乎不用理會自己的錢都跑去哪裡，因為你已經把最重要的那部分留在身邊。彷彿把家中物品收納歸位，你也把辛苦賺來的錢整理歸位。

許多人應該都有經驗，學生時期明明靠著幾千元就能過生活，但出社會後卻發現幾萬元的收入依然不夠花？當然，職場生活的房租費、伙食費、社交費都會增加，但某方面來說，人對於金錢的心態也會隨之變化，因為可以花用的錢變多，消費欲望也跟著變高。

人的行為習慣就是這樣，有多少時間就會花多少時間完成事情，有多少金錢也會想花多少金錢購買東西。當收入變多時，也會認為自己可以花更多的錢，不知不覺走進賺再多的錢，依然感到捉襟見肘的困局裡。

而先支付自己就是要避免走入財務困局，這跟培養習慣的「隔絕」觀念類似，你先把不能花的錢分隔出來，剩餘才是可以花用的錢。

我們都該相信，如果學生時可以靠幾千元生活，或年輕時可以靠幾萬元過日子，現在的自己一定也可以。這跟後來出社會、結婚生子無關，而是跟金錢紀律有關；必要生活開銷變大只代表可以存的錢變少，不代表存錢的順序就要改變。

養成先支付你自己的習慣，先存錢、再花錢，不要妥協。

原因二 你會聚焦在存錢上

如果把投資理財的知識類別攤開來看，光是主題隨便抓就有存錢、預算、分配收入、退休規劃、投資策略等，進階一點還有資產配置、股票估值、總經趨勢、投資風險評估、財經指標分析等。如果你讀完這些名詞覺得頭有些昏，我並不意外。也難怪投資理財的教學市場比想像中大，因為這裡面的知識要說多複雜就能有多複雜。

然而，投資理財其實可以很簡單，一切穩固的基礎都來自你能否存下更多的錢運用，這些存款也會在不同領域扮演不同角色。

對投資來說，存款會是你的投資本金；對日常生活來說，是你的預備金；對保險來說，是你緩衝意外的救命金；對長遠計畫來說，是房子頭期款、結婚基金、小孩教育基金；對想轉職、創業的人來說，也是一筆生活喘息、站穩腳步的週轉金。

而培養先支付自己的習慣，就是聚焦在增加存款上面，當你穩定累積存款，長期下來你的生活都會變得容易許多。你甚至不需要明確地規劃存款用途，而是看作大水庫分配般，有需要再灌溉資金到需要的地方就行。

原因三 你會更放心地花錢

人很矛盾，花錢時想要盡情地花，卻又怕花太多的錢，結果陷入該不該花的不確定狀態中，隨之而來的就是對於該不該買的焦慮。

而當你領到收入時都先支付自己，就不用再擔心沒有存錢，你在花錢的過程就會減少煩惱，偶爾犒賞自己時也不用銖銖校量。當然，前提是你要具備財務自律的能力，明確地區分已經存的錢跟剩餘可花的錢，否則這些對你來說就只是參考而已。

我相信你是認真看待自己財務的人，正因如此，更應該要透過金錢獲得快樂，而不是因為金錢變得焦慮。雖然很多投資理財的行為都是強調存錢、投資，但最終目的還是為了讓自己可以快樂地用錢，可以放心過日子。

從少少錢開始，慢慢存到更多錢

表面上，先支付自己是要人有存錢的習慣，也是常見的理財順序「收入減掉儲蓄後才是支出」，但背後的底層價值遠超於此。它是把金錢的注意力收束回自己身上，專注於自己的工作與喜歡的生活。很多人存很多錢還是沒安全感，或是買了很多物品依然不開心，原因就是沒有把錢用在真心喜歡的地方，反而花在其他不重要的事物上。

要養成先支付自己的習慣不難，就跟培養其他習慣一樣，先從微小的一步開始，每個月存下幾百元或幾千元都可以，之後再依照日常花用的狀況調高金額；如果此刻收入夠高，就支付自己更多。如果用在教導小孩的金錢教育上，就從十元、二十元開始也可以。

存錢不難，難在於能不能持續存錢；花錢開心，但更開心的是你始終有錢可花。無論你現在有多少財富，先支付你自己都是值得持續的習慣，直到有天你不再只能仰賴工作也有收入，除了先支付你自己還讓別人來支付你，領著類似現金紅利的收入過生活，你將有很多的餘裕過日子，你可以無憂無慮地做自己喜歡的事。

不過話說回來，存錢的目的並非只是為了存更多的錢，也是為了花錢，只是如果搞錯原因花錢，存再多錢也是枉然。關於這點，我們在下一個金錢習慣談。

重點概覽／

◆ 最需要先培養的金錢習慣：凡事都先支付你自己。

◆ 要先支付你自己的三個原因：

1. **是直覺好用的金錢管理術：**先支付自己能避免走入財務困局，如同培養習慣的「隔絕」觀念，先把不能花的錢分隔出來，剩餘部分才是可花用的錢。
2. **可聚焦在存錢：**存錢是投資理財的基礎，更多的存款可以用來布局投資，以及作為生活裡各方面的用途。
3. **能放心地花錢：**拿到收入就先支付自己，之後就不用再擔心沒有存錢，可以放心花錢，偶爾犒賞自己時也不用銖銖校量。

如何建立正確的花錢習慣？

「住在這裡，樓層號碼就是你的名片。」

這句出自日劇《砂之塔》的臺詞，流露出對社會的感慨。劇中女主角一家三口因緣際會搬進高級住宅，隔天她送小孩搭乘幼兒園接駁車時，「上」鄰「下」舍的貴婦媽媽友紛紛前來歡迎她遷入新居。

一陣寒暄後，有些媽媽友開始跟主角介紹自己，開頭不是常見的「您好，我是某某某。」而是用「我們是住右側的人」、「我是住四十五樓的OOO」來打招呼。

右側？四十五樓？

主角一時聽不懂，也不知道該怎麼反應，只好對著大家傻笑。不過在把小孩送上接駁車並走回大廳後，她就知道答案了。

原來，住宅裡的電梯入口分為左右兩側，左側的電梯最高只會通到二十四樓，二十五樓以上的住戶則是搭乘右側的專屬電梯。至於「您住幾樓？」的問候方式，就變成一種分辨誰更有錢、更有地位的探詢。

也就是說，在那棟大樓裡，樓層就是象徵身分的名片。

財富累積是一場金錢賽局

當一位有錢的人，知道周圍的人比自己更有錢時，會格外顯得失落，這是難以脫去的人性。

這種失落的感覺，心理學給了一個名詞叫「相對剝奪感」（Relative Deprivation），意思是當別人有而你卻沒有，或是你原本有，卻發現別人有的比你更好、更多，你看待手中物品的價值會瞬間跌落，心生一種被剝奪的錯覺。

明明開的已經是市面上的高檔車，但跟鄰居開的稀有車款比起來就是不夠好的車。明明自己的收入已經不錯，但聽聞別人的收入更高、住更大的房子，就會覺得自己是否還不夠努力。甚至真的像那齣日劇裡的情節，搭電梯時瞥到別人按的樓層數比自己住的地方還高，心裡就莫名怪怪的。

在古代，戰士會亮出刀劍來宣告自己的地位，而在現代，人則改用金錢來突顯自己的地位；看似無形，實則更鋒利、更殘酷。

無奈的是，人類的演化速度尚且停留在過去，依然把攀比當作追求進步的燃料。更該擔憂的是，攀比是一場沒有終點的賽局，你永遠可以從別人身上找到自己缺少的東西。

除非，你能跳出這場賽局。在此先不談心智層面的應對方式，財務方面大致來說就這兩種方法：比別人快累積金錢，或是比別人慢消耗金錢。前者是賺取更高的收入，後者是控制花錢的速度。

以「精采度」來說，比別人快累積的方式更吸引人，如今的社會也更推崇快速累積財富的故事；默默致富的故事沒人有興致，高調的賺錢手法才讓人津津樂道。也因為收入高、累積快的新聞更容易被媒體報導，導致不少人誤以為要在財務上取得成就，就應該靠工作或是投資拚命增加收入，讓自己在這場賽道中成為領先的族群，或至少別落後太多。

但這樣的觀念可能已經誤導了很多人，因為縱使努力工作、耐心投資可以加快財富累積的速度，但到底能多快，其實並非完全操控在自己身上。人的收入短期內不會跟工作能力匹配，投資短期內是漲是跌，也無人知曉。

培養正確的花錢習慣，才是穩定勝出的策略

相較於比別人更快賺取收入，我相信對大部分人來說，消耗比別人慢才是穩定勝出的策略。因為收入的增長通常是階段式的，亦即每隔一段時間收入才會跳升一次；也許是加薪，或是換到更好的工作，或是熬了多年創業有成。相對來說，消耗比別人慢的策略是時刻都在進行，畢竟一個月只會領一次收入，但一個月卻不是只花一次錢。

別誤會，我並非指賺錢不重要，增加收入很重要，而且以統計來說，收入才是影響人累積財富的主要原因。不過，如果一個人就此忽略控管花錢的重要程度，只在乎自己跟其他人的收入差多少，肯定對累積財富不利。最好的方法還是不要跟人攀比，但這是潛藏在人類基因裡的本性，是演化出來的遊戲規則，你能抵抗，卻無法消弭。

記得，練習克制想要攀比的習性，培養控管花錢的習慣，**把錢花在自己想要的地方，而不是別人想看的地方**。長期而言，控管花錢比增加收入重要，因為人一生可以賺三四十年的錢，卻無法一生都在賺錢。賺錢確實是累積財富的主要方法，卻不一定是能累積財富的根本原因；怎麼花錢的習慣才是。

重點概覽／

- 攀比是人類的天性，卻會造成「相對剝奪感」，看見別人擁有較多而覺得自己擁有的太少，而且這是一場沒有終點的賽局，人永遠可以從別人身上找到自己缺少的東西。
- 想跳出金錢賽局，要麼比別人快累積金錢，要麼比別人慢消耗金錢。相較於比別人更快賺取收入，消耗比別人慢才是穩定勝出的策略。
- 培養控管花錢的習慣，練習克制攀比的習性，把錢花在對自己有意義的地方。
- 賺錢確實是累積財富的主要方法，但花錢習慣才是累積財富的根本原因。

如何愈花愈有錢？三個讓錢長大的花錢習慣

把錢花掉的方式有很多，其中我覺得這方法最高明：以投資的方式花錢。只是要先說清楚：以投資為名卻行消費之實的不是投資。比如花錢買一臺筆電，在購入之後用來娛樂的時間比工作還多，這是消費不是投資。或者花大錢報名上課，最後沒有堅持上完課程，這是浪費不是投資。撇開這個前提，如果你習慣以投資的角度來花錢，你會把錢花得更值得。

至於什麼是以投資的角度來花錢？我是這樣區分：當下花掉的錢，是否會讓自己在未來得到更多的錢。廣義來說，錢在花掉後只會有三種去向：換成更多的資產，流進別人的口袋，造成更多的負債。流進別人口袋是消費，造成更多負債是貸款，唯有買進資產時才是投資，也才有機會賺回更多的錢。至於買到貌似資產的負債時，並不會在未來得到更多的錢，反而會在未來付出更多的錢。

不過根據我的經驗，如果懂得把錢花在以下這幾個地方，幾乎可以肯定是用投資的方式在花錢。當你習慣把錢花在這些地方後，長期的習慣紅利將會逐漸回流到自己身上，有形的是收入，無形的是能力。

把錢花在能省下時間的地方

你知道人一天中最討厭做什麼嗎？不是工作，也不是家務事，是通勤。根據諾貝爾經濟學獎得主丹尼爾・康納曼（Daniel Kahneman）的研究①，統計將近九百人一天的行程，其中通勤是人們最不喜歡的事。其他研究則指出②，人花在通勤上的時間愈久，對生活的幸福感會愈低。而且通勤的痛苦跟其他痛苦不一樣，人無法習慣通勤的痛苦。換句話說，如果有辦法花錢降低通勤時間，或減低通勤過程的痛苦，將會提升人的生活滿意度。

這是花錢節省時間會帶來價值的第一個依據，尤其當你進行不愉快的活動時，你所花的錢不只為你省下寶貴的時間，還有機會提升幸福感。

第二個依據是透過花錢縮短排隊時間，這不用看學者的研究，商業上就有具體的例子。

比如類似環球影城的遊樂園會提供快速通關的服務，只要遊客花錢就可以繞過排隊隊伍走特別通道，省去冗長的等待。迪士尼也曾花心思在遊客排隊時間上，盡量讓人在排隊同時感受愉悅的氣氛，轉移遊客排隊時的不耐煩。

能縮短時間的方法，是有價值的。這就是為何我不會鼓吹人一定要省錢，但如果有辦法花錢省時間，我認為每個人都應該盡可能嘗試。因為時間不只是人最寶貴的資產，如何體驗時間的流逝也會影響人的心情。如果你能把錢花在節省時間上面，等於是用投資的角度買到更大的價值。

以我自己來說，如果有能力升級電腦到最快的版本，我會盡量升級，畢竟電腦設備的效能可以量化，但時間的效益卻無法量化。縱使我對於電腦效能的研究不多，但我知道工作的流暢度會影響我的成果，還有工作時的感受。再來，出國期間我也會盡量選最快，或最舒服的方式，而不是只選最省的方式，因為旅行中一分一秒的價值很難用金錢估算。

時間無法被標價，卻也是無價。雖然每個人對時間的感受度都不同，但在能力範圍之內盡可能投資在節省時間上，得到的價值與幸福感皆是難以估計。

把錢花在能學習成長的地方

相信你也聽過，學習是投資自己最好的方法。然而，學習的用意到底是什麼？除了滿足好奇心，我認為有兩個主要目的：為了得到功利，以及為了獲得啟發。進一步觀察，它們分別是為了回答人生兩大難題：一、要如何在這世界上生存下去？二、自己活在世上的意義是什麼？前者是可以解決的問題，需要的是知識；後者恐怕是無法解決的問題，需要的是智慧。

想在這世界生存下去，你會需要功利的知識。聽到功利兩字先別排斥，它就是指可以讓你賺到錢的知識，可以讓你生活下去的技能。比如提升工作能力的知識，管理金錢的知識，在眾人面前演說的知識，做出正確決策的知識等，學習這些知識的目的是為了賺錢，原則上這方面你只要懂愈多就賺愈多，也愈容易在這世界生存下去。

何況，人無法從自己的無知中賺到錢，卻可能因為無知被人騙走錢。學習就可以讓人賺到錢，也可以防範被人騙走錢，多好。

的確，學東西有時不是為了錢，但若是，其實也無妨。打從人類文明進展到以貝殼作為原始貨幣後，人就注定一輩子跟錢脫離不了關係。為了功利而學習，其實就跟為了餬口而付出勞力，為了累積經驗當學徒，為了獵捕食物學習用工具狩獵差不多。

然而，當一個人的生活趨於穩定，或是遇到一時之間無法克服的問題，甚至是一再遇到不公平的事，自然會去思考活在世上的意義。此時，我們就會需要透過學習獲得啟發。

人的一生不過數十年，但已足夠我們遭遇各種無法理解的事。此時有兩條路可以選擇：再也別去探究，或是持續地探索。這兩條路沒有誰好誰壞，但兩者都需要智慧。

培養學習的習慣，把錢花在自己的教育上，短期而言你會得到知識與能力，一次的學習將回饋在接下來數年的收入中。長期而言，學習會讓人獲得啟發，透過認識自己來追尋生存的意義，或是獲得智慧取捨不必要的煩惱，受用一生。

把錢花在能維持健康的地方

你應該明瞭，人生不同階段的目標，多數時候都跟財務目標有關。但你知道人生所有的目標，一定都跟什麼有關嗎？正是健康。

如果把投資理財看成一個系統，收入與存款是輸入，投資理財則是中間運作的過程，產生的資產與現金流就是輸出。可惜的是，很多人談投資理財就到這邊為止，忽略輸出之後還有最終目的地，是把錢花在跟自己有關的地方。而只要是跟自己有關的事，都必須在身體健康的前提下才能去做。

不過，我也並非一開始就這樣想的。甚至在理財初期，我根本沒想到理財跟健康有關。一切都還是回到我那次眼睛出問題後。當時我的右眼因為莫名複視而失去聚焦能力，我才意識到原來奪走一個人的健康，其實也就奪走他的生活。在等待復原的日子中，我既無法正常過日子，更不可能工作，整天只能待在家等待情況好轉，至於何時復原醫師也不確定，只知道最壞情況會是終生複視。好在，學生時我就有投資理財基礎，生活上短期無虞，能夠安心地在家休養，而我的眼睛也在一個月後復原。

那段日子並不好過，但也讓我認知到理財對人生的重要，開始把保養身體看作投資。其實，花錢在健康上確實是一種長期投資，因為你將節省許多未來的醫療費。雖然我們無法預期自己在未來的境遇，但長期透支身體肯定會影響未來的健康，連帶增加醫療支出。而且人生愈晚期的醫療支出，通常只會愈大筆。

此外，健康也會影響人的財富。如同巴菲特的雪球理論，如果你要滾出財富的雪球，你必須找到夠濕的雪——績優公司，還有一條夠長的坡道——要投資足夠多的時間。而要有足夠多的時間，除了耐心，當然還要有夠長的命。

比方說，如果你在三十歲時投資一百萬元，假設每年成長六％，到了八十歲這筆錢會變成約一千八百萬元。如果投資到七十歲，將只有約一千萬元。如果只能到六十歲，更只有約五百七十萬元。五百萬還是多，但如果你能健康地活下去，你更能透過健康享有複利。

至於如何花錢維持健康，我則是一點一點從小錢開始。年輕時定期補充維他命，再隨著經濟能力購買需要的保健品。此外，只要有助於自然入眠的方法或設備，就算是近萬元的睡眠耳機，

若能健康長壽，複利效應將非常顯著

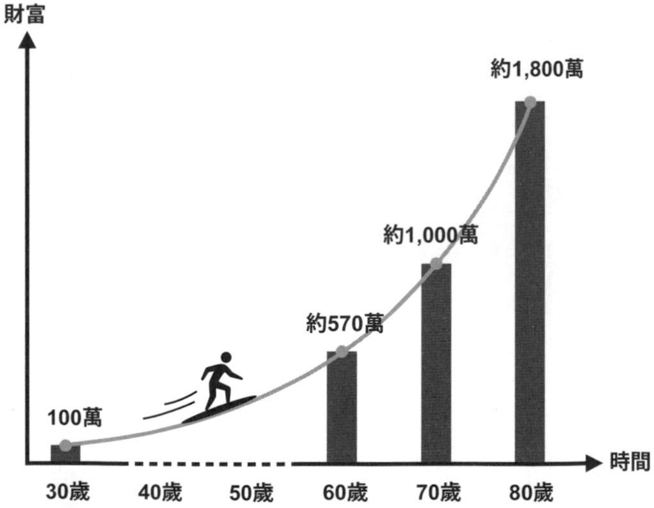

若30歲時投資100萬元，假設每年成長6%，到了80歲會變成約1,800萬元。若到70歲，將只有約1,000萬元。若只能到60歲，更只有約570萬元。

如今我也視作投資來花用。

培養投資健康的習慣，有能力就別吝惜花在健康上的錢，或至少花時間在積蓄健康上（培養運動習慣）。擁有勻稱身材都只是照顧健康的表面結果，擁有活力跟精力才是我們要的底層價值。

綜觀來看，這三種花錢習慣彼此都能互惠習慣紅利。學習可以提升能力、增加收入，多的收入可以投資時間與健康。健康可以維持活力，你有更長的時間用來投資與學習。花錢省下的時間則可以做更多事，吸收更多知識或用來運動維持健康。

金錢的正向循環，始於用投資的方式花錢

彼得．阿提亞（Peter Attia）是專門研究長壽科學的醫生，他曾在一場演說中跟在場的年輕聽眾打賭[3]。他說，如果能獲得巴菲特所有的財富，但代價是要跟他交換現在的年紀，我敢打賭沒人有意願；再來，如果巴菲特有機會重新回到二十歲，相信就算要失去所有的財富他也願意。

言下之意，人可以透過金錢買到很多東西，但終究無法換回寶貴的時間跟健康。

金錢並非萬能，作為貨幣終究只是交換資源的一種工具，重點還是我們在花用的過程中獲得了什麼。花錢享受是天經地義，但如果能養成習慣把部分收入花用在對未來有利的地方，長期下來會有更多的資源回流到自己身上，所累積的習慣紅利也會讓你獲得真正有價值的事情；時間上會有更多餘裕經營人生，體力上會有更多活力從事想做的事，學習上會有更多動力培養新的能力。如此生活上的正向循環，就啟始於把錢花在對的地方。

從先支付自己到投資思維的金錢流向

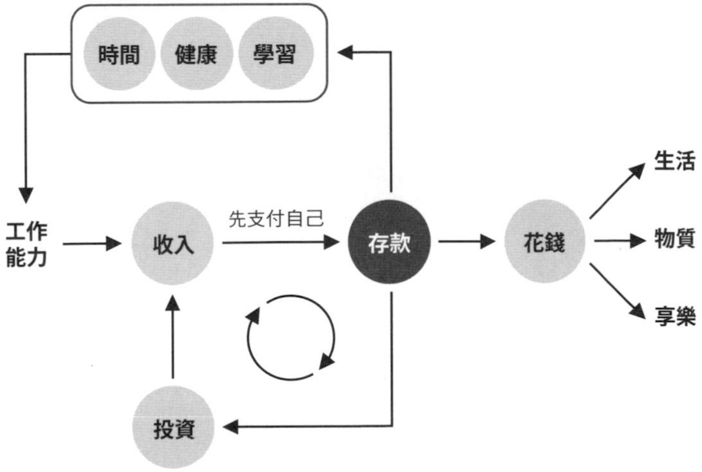

當收入進來時，一定要先支付自己，把錢存下來；存款可以用來提升自己的能力，也可用來投資，這兩者都能再轉變成收入與存款，然後花用在想要的地方。

重點概覽／

◆ 以投資的角度花錢，指的是當下花掉的錢，會讓自己在未來得到更多的資源。

◆ 三個投資思維的花錢方法：

1. **花在能省下時間的地方：**時間寶貴且無法再生，若經由花錢省下時間，或是讓時間效益變得更高，等於是用投資的角度買到更大的價值。
2. **花在能學習成長的地方：**培養學習的習慣，把錢花在自我成長上，不但會得到知識與能力，長期更會讓人獲得啟發與智慧。
3. **花在能維持健康的地方：**人生多數的目標都需要健康來實現，培養投資健康的習慣，長期可以累積財富，實現更多想要的目標。

◆ 把握時間、學習成長、維持健康，這三種習慣彼此都能互惠習慣紅利，持續花錢投資在這上面，能為生活帶來正向循環。

金錢的防守習慣：別讓負債吸光你的努力

假設一個情況，一個貼近現代人的寫實情況。

小光是一個努力工作的人，薪水說不上是高收入，卻也足夠讓他在大城市裡撐起一個小家庭。然而，一份穩定的工作並無法提供他足夠的財務安全感，銀行存款始終累積不上去就是明顯的跡象。他並非愛亂花錢，只是每個月的薪水很快就被各種生活帳單給分食掉。其中，被吞噬掉最多的那部分，就是來自各種貸款帳單。

債務是雙面刃，但某一面更鋒利

我聽過不少人解釋，既然現在處於低利率時代，有多餘的錢就應該先投資而不是還貸款。甚至有人覺得應該主動借錢來投資，畢竟從貸款利率來計算，現在借錢怎麼看都好賺。

以近幾年一般信用貸款的利率介於三到五%來說，如果把借來的錢拿去投資年化報酬率六到一〇%的商品，看起來套利不是太難的事。即便我撰寫本文當下利率開始走升，但相對股票市場的短期報酬率還是有足夠空間套利。

沒錯，從數字上來看確實如此，這點我不想反駁。要能在目前市場上找到年獲利六%以上的金融投資商品，從歷史數據來看只要長期持有大盤的ETF也相當有機會。看起來借錢投資套利真的是 easy money。

然而，債務的可怕從來就不在於它的還款利率是多少，也不是每一期要還多少錢，而在於貸款的人是在預支未來的錢花用，爾後要「連續」償還很多期的錢，而且除非你提前償還掉債務，否則你的工作收入就不是完全屬於自己。

債務最可怕的地方，在於它像個水蛭，會一點一點地吸走你我工作的努力。

銀行為何只借錢給有能力的人？

有人說，當人富有時是銀行求你借錢，當人窮困時是你求銀行借你錢。聽起來是調侃話，但有幾分真實。

就跟公司希望找到有能力的員工，經由員工持續供應的勞務，為公司帶來穩定的收益。同樣，銀行會希望借錢給有能力還款的人，而且借錢的人愈有能力還款，銀行愈希望借他多一點錢。無論是提高貸款額度、降低開辦費、提供寬限期，或是給予更低的利率條件，都是銀行用作借錢的誘因，希望從借款人身上獲得穩定的現金流。借款人圖的是一次性大筆貸款，銀行圖的是持續性穩定的現金流。

如果把銀行與個人兩方的資產負債表攤開來比對，會發現個人的債務，對應到銀行就會變成是資產，而資產的穩定性愈高對銀行來說愈好，所以他們只願意借錢給有能力償還的人。

只是有一方穩定，另一方就是不穩定。對個人來說，債務就是生活中不穩定的因子。因為無論有沒有工作，薪水是高是低，每期要繳交的貸款都是固定的。

不過容許我特別解釋，「繳交」一詞只是好聽，感覺像是支付某一種權利的入場費而已，但實際上你是「歸還」貸款。因為凡是借來的錢，就不是屬於自己的錢，而且還要多付利息。這些看似不多的利息，加上原本借給你的本金，就是一點一點把努力給吸光的水蛭。

不要拖著財務桎梏走路

電影中每當獄警把犯人帶出監牢時，空氣中經常迴盪著鐵鍊撞擊的鋃鐺聲，犯人的步伐受限於腳鐐無法像正常人行走，這是獄警防止犯人逃跑的方法。

當人身上拖著債務時，何嘗不是如此？

我曾寫過一句理財警語：「身上有債，人老得快。」因為當你每個月都必須從薪水中拿出一部分償還貸款，那種努力定期被剝奪掉的痛感，長期下來其實是一種折磨。輕則傷身，重則毀心。

雖然現今社會需要貸款的時機很多，買房多數人都需要，買車則是不少人需要，部分學子則是需要學貸才能取得文憑。然而，這都不是我們就該把貸款合理化的理由，反而應該更謹慎地面對債務，除了房貸或學貸不得不貸款之外，其他都要保守地看待自己的償還能力，如果身上有消費型貸款，更要在短期之內還清。因為根據一項研究指出，類似信貸、卡債這類的債務，帶給生活的壓力是明顯超過房貸的壓力④。

另外，也不要輕信「富人喜歡借錢，普通人恐懼借錢」這類的言論來合理化借貸，類似這些觀念其實都是倒果為因，誤把借錢才能變有錢當作唯一的路。畢竟如果你已經夠有錢，借錢的條件自然較好，風險當然較低；如果你還在累積財富的路上，借錢的風險本來就高，恐懼借錢是自然的心態。

利率的高低，反應的是當前市場資金流動的狀況，是中央銀行平衡市場資金熱度的工具，不是一般人致富的工具。並非在低利時代你就應該貸款，也並非在高利時代你就不該貸款，而是應該在你需要的時候才貸款。貸款前，也要確保自己有足夠的財務知識，而不是輕易地接受「好債」、「貸款買資產」、「正現金流」等這類看似簡單的概念，忽略背後其實需要經過各種複雜的考量。

保持財務乾淨的金錢習慣，不要讓債務吸光你的努力。在這時代，零負債並非愚昧的事，因為每個人花在工作上的努力，背後都來自生命的消耗，成果也需要經過時間才能兌現。借錢投資能賺到錢都是幸運的人，你該做的不是羨慕那些人，而是先預設自己不會是那些人。

重點概覽／

- 債務像個水蛭，會一點一點地吸走你我工作的努力。
- 不要輕信「富人喜歡借錢，普通人恐懼借錢」這類言論來合理化借貸。
- 債務的可怕在於貸款的人是在預支未來的錢花用，之後要「連續」償還很多期的錢。在清償之前，工作收入並非全屬於自己。
- 保持財務乾淨的金錢習慣，零負債並不愚昧，因為你我花在工作上的努力，都來自生命的消耗，不值得讓債務吸光自己的努力。

不窮忙的致富習慣：別在投資中「過度努力」

人都希望自己在別人眼中是個「有用」的人。

我們會求表現，會想得到別人的讚賞，更希望透過努力取得成就。這也是人會渴望充實感的原因，當你忙完一整天的工作，或是用心整理好家裡，你會心滿意足地躺在沙發上，毫無愧疚地享受當天剩餘的時光。

反之，如果我們被人說不夠努力，或是沒做什麼事就得到好處，人就會懷疑自己是否不值得那一份成就，覺得應該要做些什麼才行。不信，你可以想像若有人當面批評你是個好吃懶做，只會坐享其成的人，你心中的感受是什麼？

確實，工作與生活中我們都該是個用心努力的人。然而，在投資上請不要過度努力。甚至很多時候，你其實不應該努力。

別陷自己於不利，當旁觀者也能變富有

美國聯準會曾研究三十年間基金市場的資金狀況，發現許多專業投資機構往往會在市場大跌時抽出資金，又在股市高漲時投入資金。簡言之，這些機構採用的是追高、殺低的策略。套句玩笑話：連阿嬤來都比較厲害。

其實並不意外，因為基金經理人如果不及時止血，或是跟著市場追逐熱門股，可能反而會掉到績效落後的基金名單裡，進而被投資人贖回資金。聯準會這個研究值得琢磨的地方在於，研究人員把這些機構的投資策略，跟「買進並持有」（Buy and Hold）策略相比，機構的績效可說是大幅落後，平均每年會落後五%的報酬率。

投資時，大部分時候什麼都不做，真的會比做得太多來得更好。可是，為何許多人在投資時卻忽略這一點？寧可在投資後，很努力地觀測投資走勢，參與股市廝殺，也不願靜靜地當個旁觀者等待長期獲利。

要知道，投資沒有新手村，市場不會因為一個人剛進入股市，就把他分配到同樣也是初入股市的族群裡，而是一進場就要跟已經有十幾二十年投資經驗的人競賽。何況市場裡還有大大小小的專業投資機構，每個機構養了數十個具有財經相關背景的專業分析員，配有安裝

演算法的投資程式，外加手上的資金籌碼動輒影響一時股價波動。

前面提及的專業投資機構之所以會虧損，嚴格來說不是輸給了市場，是輸給市場中其他專業機構與職業投資人。如果投資不是你的職業，而且也並不算專業，投資過度努力反倒風險太高。

無奈的是，許多人都知道不應該玩不利於自己的遊戲，但很多人卻是這樣在玩弄自己工作辛苦賺來的錢。

投資路上，你只需要做到這件事

曾經有心理學家詢問一群學者，在自己參與的研究論文之中，覺得有多少成果應該歸功於自己？以理論值來說，全部學者對同一份論文的貢獻比例，加總起來是一〇〇%，但調查結果發現，若把學者各自回答的貢獻比例加總起來，平均卻是一四〇%。有趣的是，如果問題改問自己要負責多少比例的失敗時，合計起來就會小於一〇〇%。

類似情況也有面向大眾的研究。一九三三年創立的雜誌《美國新聞與世界報導》，曾對超過一千名美國人進行問卷調查，詢問誰去世後最有資格上天堂。雜誌列了許多名人，其中德蕾莎修女的贊同度很高，其他像知名主持人歐普拉、籃球之神喬丹等評價也算高，只是平均起來這些人的資格都沒高過選項中的一位，那個選項就是——自己。

換句話說，我們都特別對自己的付出有信心，也希望自己看起來「有用」。

這是人的本性，成為有用的人也代表自己在社交上的價值，卻也正是阻礙人在投資路上成功的原因。因為我們希望投資的財富是靠自己努力來的，我們會希望自己掌握到什麼技巧，或是抓到市場的起伏買賣點。我們希望，也相信，自己在投資上愈努力鑽研，會帶來愈豐厚的報酬。即使那些專業投資人比自己花的研究時間還多，使用的看盤工具更快速、全面，學過的財經知識更豐富，但還是認為自己應該要賺到超越市場其他人的報酬。

這是不講道理的迷思，是很需要突破的思維陷阱。

其實，一般人的財務目標不應該是「靠投資賺很多錢」，因為我們不是專業投資機構，不需對投資人負責，你只需要為自己的人生負責。投資的目的是讓辛苦賺來的錢發揮更大的效益，不被通膨吃掉購買力，可以安心過好自己的生活，可以實現夢想、照顧好家人。

如果你不是以投資為業，就不需要在投資路上過度努力，而是要顧好自己的工作本業，努力存錢，把目標放在為自己的人生負責，以不用花太多心力的方式投資，穩穩賺取接近市場報酬的利潤就好。透過管理時間、提升工作效能等可以帶著走的能力，增加自己的工作收入跟投資本金，再透過正確的理財方法穩健地投資，才是一條人生的康莊大道。

「多做多錯，少做少錯。」這句話用在需要努力的領域裡不一定受用，但用在投資裡，千真萬確。

在投資路上，我們需要做到的只有這件事——少做點事。其餘一大部分就交給時間，耐心等它把複利帶回來給你，耐心累積自己的習慣紅利，用來兌現在工作與生活的其他地方。

重點概覽／

- 在投資中，大部分時候什麼都不做，會比做得太多來得更好。
- 不是專業投資機構，就不需對投資人負責，你的投資只需要為自己的人生負責就好。
- 一般人的財務目標不應該是「靠投資賺很多錢」，而是讓辛苦賺來的錢發揮更大的效益，不被通膨吃掉購買力，照顧好人生、夢想與家庭。

金錢的複利習慣：從長期思維到長投思維

世上有些事情雖然簡單，卻不容易，複利就是其中一個。

說是簡單，因為要產生金錢複利不需要太多心力，你只要選定投資標的，持續投入資金，時間到了就會有成果。說不容易，因為要等到複利有成果，所需的時間少則五到十年，多則二三十年，要有足夠的耐心跟毅力。

而耐心與毅力，始終違反人的本性。

現在拿九十萬，還是一年後拿一百萬？

在現代，形容一個人「有遠見」是種稱讚，可是若在遠古時代，有遠見的人應該都被看作是異類。從演化角度來說，這些人不是想太多反應太慢，最後成了野獸的中餐，不然就是被視為到處亂造謠的人，被蠻橫不講理的方式處死。

抱歉，以上純屬我猜測。演化心理學給出的解釋是，因為遠古智人需要到處狩獵採集，又缺少能夠對抗猛獸的工具，所以無論先天或後天都會隨時留意環境中的變動；有可能要提防野獸的攻擊，也可能要提防異族人爭搶糧食，隨時都面臨存亡威脅。眼見生命如此短暫，久而久之能活存的人都是對眼前危機敏銳度高的人，一代再篩選一代，留下現今短視近利的人類。

難怪，如今有遠見變成是一種優勢，因為那是稀缺的能力，大部分人還是傾向選擇立即可得的好處。我們在〈價值思維〉篇章（P.135）中已經談過，人會無法克制地想做緊急但不重要的事情，這也是人過於重視短期事情，才導致人對於現況有所偏誤，會高估眼前事情的重要性，與低估未來事件的影響。

行為經濟學家也熱衷於研究人的短視近利，但跟心理學家不同，他們習慣用數字來衡量人性，好奇「現時偏誤」（Present Bias）影響人的程度。

好比今天你幸運中獎，你可以選擇現在拿一百萬元，或是等一年後才拿到一百萬元，我想你應該會秒選現在就拿。但若換成這個規則：如果要現在拿一百萬元，條件是必須被扣除一筆手續費，否則就要等一年後才能拿到全額的一百萬元，是你會願意被扣多少費用，以便現在就能拿到錢？

先不考慮早點拿錢轉投資的可能，每個人心中願意被扣除的數字，都在透露自己的耐心。這其實是「折現」的概念，比如願意被扣除十萬元的人，等於把現在的九十萬元跟一年後的一百萬元視作同等價值。而經濟學家研究的結果是，愈急著想拿到獎金的人，願意被扣除的金額愈多，也可能就是愈沒耐心的人。

套用此結果在投資上，缺乏耐心的人也可視作不願意用時間來換取長遠的報酬，認為自己是投資中少數能避開短期風險的人，期待現在就賺到幾十、幾百萬元的獲利。學者認為這是人有「過度自信」（Overconfidence）的心理偏誤——的確，就是如同字面上的意思。

簡言之，人的短視近利本性會過度放大「現在就要」的價值，忽視其中的風險，導致想盡快在投資上有成果。至於違背人性的長期投資方式，甚至跟人談到什麼是耐心跟毅力，得到的反應經常是：「再說吧。」

可是，偏偏投資要產生複利，耐心是不可或缺的。

產生複利的兩個關鍵

決定複利成效的原因有很多，但有兩個關鍵因素影響特別大：長期與穩定。（容許我先告知，為了解釋這兩個關鍵因素，待會會用到一些數字計算。）

複利需要長期的原因，在於持續時間若太短，得到的效果會不明顯。例如每年獲取五％的報酬，累積三年的報酬只有約一六％，但如果拉長到十四年，報酬會來到將近一倍[5]。

另外，複利需要報酬穩定才會有加乘的效果，否則成果會打折。例如當你採用的投資策略，報酬率是「起起伏伏」，一年獲利二〇％、隔年卻賠一〇％時，其成果倒不如每年穩定獲利五％[6]。以投資一百萬元來說，穩定五％的投資方式，二十年下來會變成約二六五萬元，而起起伏伏的投資策略，只會有約二一六萬元。

以投資聞名的企業家查理・蒙格（Charles T. Munger）就說過：「沒必要的話，絕對不要打斷複利。」夠長期、夠穩定的投資才不容易被打斷。

然而，相較於要花時間等待，而且報酬率看似偏低的穩定投資方式，短期高報酬、高波動的投資更吸引人。這也是參與股市如此刺激，讓人想要追高殺低的原因，因為「好像」有機會可以在短期內就實現財務自由。若再加上現時偏誤的人性驅動下，要人有紀律地追求長期與穩定的報酬實在太難。

穩定的報酬不見得慢，但肯定讓人安心

雖然我很早就養成長期投資的習慣，但依然有過只想追求眼前利益的時候。

那是二〇〇八年我還在當工程師時，當時科技業的「員工分紅費用化」才剛開始，配給員工的不再是立即可以賣掉的股票，而是先讓員工保留一份權利，二到三年後可以用鎖定的股價認購股票。如果股價變高當然要認購，變低則可以保留認購機會，至於能認購幾張就看前一年的工作績效。

在分紅費用化之前，員工可以直接賣掉公司配發的股票換取現金，所以後來變成無法立即賣股的方式時，我是真的一點也不興奮。並非公司股價將來會不會漲的問題，而是我需要等幾年後才能執行這項權利，當下心中根本無感。反倒是績效獎金比較實際，看到錢跟著薪水一起進到戶頭時開心許多。

人的天性，就是比較樂意馬上擁有。舉凡「分期付款」、「鑑賞期」、「先買後付」，背後都隱含著人急於想要的消費心理。只是在投資市場裡，短期投資要獲利本來就難，如果

一直奢望可以儘早獲利，你不只心情會跟著市場起起伏伏，更別說根本享受不到複利的好處。

何況，每年五%的報酬是扎實的穩定，足以讓人白天專心工作，晚上安心睡覺，假日放心休憩。反之，起起伏伏的投資方式不只要承擔壓力，還要分心去關注短期的股票走勢。高風險或許帶來高報酬，但高波動也帶來高壓力，何者人生品質較好，不必多言。

所以，如果要享有複利成果，就必須要培養長期投資的習慣，抵抗自己的本性，耐心等待投資開花結果。有個方法，你要盡可能讓自己的投資策略簡單化。

投資方法愈複雜，愈難有複利

一個系統愈複雜，可以出錯的環節就愈多。同樣，如果你的投資策略愈複雜，出錯的機會也愈高。至於什麼是複雜的投資策略，有個快速分辨的方式：你的投資方式需要自己主動參與的部分有多少。

你可以把每一種投資策略都想成一臺機器，機器內部要轉動數個小齒輪跟輸送帶，某個環節出錯就會導致整個機器出錯。因此中間需要經過的齒輪跟輸送帶愈多，機器出錯的可能性就愈高。

實務上，好比一個每天頻繁交易的投資人，跟一年只進行三四次投資配置的投資人，前者每天要下的投資決策，次數上就可能是後者好幾年下來的倍數之多。以這個角度來看，前者的投資系統複雜許多。再者，你的本業收入、消費支出、存錢能力，也都是投資系統中的一個齒輪，也會反映在你的投資成果上。

要強調，不是說愈複雜的投資方式報酬就愈低。專業的投資機構每天要下的投資決策可能上千次，若採用程式量化交易更是無可計量，有些機構依舊年年獲取暴利。但你務必要冷靜想，一個專業的投資機構裡有多少人一起下決策？或是，一個專職的投資人每天花多少時間在思考決策？而多數的散戶既為獨自投資，也不是專職投資，採用太複雜的投資系統反而不利於自己。

況且許多的研究都表明，專業投資機構的績效不見得更好，專職投資人的收入也不見得就高過上班族。別懷疑，真的是如此。

投資愈複雜，愈難有複利。因為當你需要做的投資決策愈多次，你就愈需要抵抗短視近利的本性；每一次的抵抗，都是一場對抗人類演化的戰役，每一次都可能把你過去累積的本金，暴露在更高的風險之中。雖然複雜的投資系統有可能帶來更高的報酬，但複雜的投資方法肯定更難執行，執行上也就難有耐心堅持。

以系統的角度來說，對照第一章習慣紅利的複利效應特性，在此更是互通。你的工作或生活系統愈複雜，也愈難培養出對自己有利的習慣，反倒是專注做好幾件事的人，習慣紅利所產生的複利效應會愈來愈明顯。人的工作、生活或投資，一直是以系統的方式在運作著。

不諱言，複雜的投資有其迷人之處：讓人覺得比較有趣，過程比較興奮，賺到的錢也有機會更多。但變有錢是應該分階段的，如果你真的體悟到投資是場對抗人類本性的遊戲，就記得，先把簡單就能「等到」的複利顧好，有餘力再去玩那複雜的遊戲。

重點概覽／

- 人都有短視近利的天性，所以「有遠見」在現今已經是一種優勢。
- 決定複利成效的兩個關鍵：長期與穩定。
- 具備長投思維才能享有複利成效，所以要培養長期投資的習慣，耐心等待投資出現成果。
- 投資愈複雜，愈難有複利。如果投資策略需要自己主動參與的部分愈多，策略出錯的機會愈大，也更難有時間經由工作與存錢增加投資本金。
- 變有錢應該分階段達成，先把簡單就能「等到」的複利顧好，有多的資源再進行複雜的投資。

抗漲，最好的方法是讓自己成長

以創辦投資理財網站的人來說，不知道我宣揚此觀念的「立場」是否正確：其實你不一定要投資。

許多以投資為題的網站，或是教人投資股票的專家，很少會向人建議「不用投資」，因為那等於要人不用跟他們學投資。

但我是認真的，人生不是非得要投資不可。

為什麼？因為投資是拿自己有限生命賺來的錢，去做虧損風險很高的事情。很多投資市場的奇聞軼事已經告訴世人，某些人如果當初沒有投資，把錢留在身邊反而過著更好的日子。

但人為何會覺得非投資不可？有很多原因，我以最基本的角度跟你剖析。

金錢與能力都是要累積的資源

對你而言，投資的目的是什麼？每個人的原因不盡相同，不過「變有錢」應該是許多人的共識。然而，在目前的金融世界裡，投資最基本的目的不是為了致富，而是為了讓你的錢不至於被「稀釋」，也就是能對抗通貨膨脹。

比如你現在有一萬元，本來可以買到兩百個雞排，但你都把錢換成現金藏在家中衣櫥什麼都不做，過了五年變成只能買到一百二十五個雞排，少買到的七十五個雞排就是物價上漲的關係。

如果想要維持買到兩百個雞排的能力，你需要把衣櫥裡的一萬元拿出來，想辦法變成一萬六千元，常聽到的方法就是靠投資。

這就是投資最基本的目的：維持我們現有的購買力。

如此看來，投資不就是必要之務？否則什麼都不做，錢的購買力只會愈來愈少。雞排當然可以少吃點，但正餐總不能少吃，何況基本民生物資如房租、汽油、瓦斯、水電等，也會有通貨膨脹的壓力。

然而，很多人都忽略一點：抵抗通膨的方法不是只有投資而已。

舉例，阿強剛出社會時的收入是臺幣三萬元，每個月的生活費差不多也是三萬元，那時的他沒有能力存錢。不過隨著工作經驗累積，五年後他的收入來到每月五萬元，而他的生活費因為物價上漲的關係變成四萬元，現在的他反而每個月可以存下一萬元。中間這五年他也陸陸續續存了一些錢，而且將來他的工作能力還會再成長，收入會更高。

你說，阿強有沒有對抗通膨？他的錢或許沒有，不過他的生產力有；他的工作能力抵消了通膨的影響。這是把金錢與個人能力，都視作人生資源來累積的觀念。

提到通膨時，多數人談論的是口袋裡的錢能否趕上通膨的速度，因此陷入聚光燈效應而心盲，只把焦點放在如何讓財富增值。要知道，**投資理財從來不是只跟金錢有關，還跟人生規劃有關**。好比一位高收入的醫生，本身對致富沒有太多的遐想，只想當個濟世的醫生，他如果把工作賺來的錢部分定存在銀行，部分購買年金保險，一生也可以滿足地度過。

對於這樣的人，他的目的不是「更有錢」，而是維持「夠有錢」的狀態，可以讓他放心去做自己想做的事，過著已經滿意的生活。

也許有人想，那是醫生的收入高，如果收入不高怎麼辦，不就還是要靠投資逆轉勝？並非如此。經濟能力好的人是可以靠投資增加財富，但如果是收入不高的人，更應該要試著先提升自己的本職能力，從工作中賺取更多的本金，而不是想藉由投資翻身。這是順序的問題，當你本金變多時，你不需承擔高風險也能獲得投資利潤；當你的本金低時，就算承擔很高的風險，投資利潤依然不高，更別說很容易就賠掉。

覺得非投資不可，其實更不應該投資

不過這裡頭還有一個更值得省思的點，什麼才是「夠有錢」的生活狀態？或者問，什麼才是滿意的生活？每個人對滿意的要求都不一樣，就看你想成為什麼樣的人。然而，我知道有一種滿意是絕對無法令人滿意的，就是想過得比別人好。

近年來網路常出現一個詞叫「錯失恐懼症」，英文簡稱FOMO（Fear of Missing Out）。此症狀會讓人害怕錯失某個機會、某種成就、某個可能，害怕自己趕不上別人，結果冒著自己無法承擔的風險，做著自己其實沒有那麼喜歡的事。

投資也是，很多人看到如「物價即將上漲」、「股市創新高」、「某網民靠著投資一次賺進幾百萬元」的新聞，就恐懼自己如果不趕緊投資就會失去應有的財富，要變窮人了。

可是，當人陷入「非投資不可」的心態時，反而可能會因為急著投資而做出錯誤的投資決策。結局變成是隨便地跟風投資，受各種消息擺布，結果都是在市場中追高殺低。更可惜的是，被高獲利的騙局誘惑，成了詐騙集團眼中的肥羊。

不要為了投資而投資，而是應該「隔絕」看似絕佳的投資機會，培養從容的投資習慣。當你覺得自己非投資不可時，反而要提醒自己不該貿然投資。因為，比起錯失投資機會，更嚴重的是損失金錢，錯失只代表你錯過想像出來的機會，損失則是失去辛苦工作賺來的錢。

投資自己是最好的辦法，巴菲特說的

在二〇二二年波克夏股東大會中，巴菲特針對通膨問題的投資策略，給出以下答覆：「最好的投資就是你自己的個人發展。」

事實上，早在二〇〇九年適逢金融海嘯後的股東大會上，巴菲特就表達過抵禦通膨的看法，當時他的答覆也是：「最好的辦法就是投資你自己。」會中巴菲特強調，如果你能成為最好的教師，最優秀的醫師，最厲害的律師，無論貨幣的價值是升是貶，你都能分食到國家經濟這塊大餅。而在這段話背後的涵義是：通膨是經濟成長的代價之一，真正該擔心的不是通膨，而是我們自己有沒有跟著經濟一起成長。

當然，巴菲特說這些話有個信仰前提，他篤信美國的經濟長期會向上發展。但是，即便人無法控制自己出生在哪裡，提升自身能力對抗通膨的原則同樣適用，畢竟財富多寡是相對感受而非絕對感受；正所謂沒有比較沒有傷害，同一地域的人彼此能力不同，也會間接反映在財富的相對落差裡。

投資不是只跟金錢有關，如果你能想清楚這一點，對於投資的概念就會跳出許多人的框架；投資不一定就是投資金錢，也可以是投資自己的能力。

要知道，金錢的成長速度往往伴隨著風險，成長愈快也可能失去愈快，但能力的成長幾乎沒有風險，你學到什麼就是什麼，累積什麼就會跟著你什麼，就算當下用不到那個能力，未來也有機會用到。何況培養一項能力的過程中，你多少會提升「如何學習」這項能力。學習本身就帶有習慣紅利，一個人的學習效率變高，吸收知識的速度會加快，產生的知識紅利更容易外溢到不同領域。說實在的，投資自己才是真的穩賺不賠。

所以，**讓自己的能力跟著通膨成長，而不是讓恐懼跟著通膨成長**⑦。

我不反對你把錢拿出來投資，我也建議及早開始，我反對的是為了投資而投資，因為害怕錯失而投資。有心力還是要穩健地投資，如果擔心冒風險，也可以選擇報酬率低，但投資風險也低的工具。最要緊的是，不要被社會氛圍或專家達人說服「非投資不可」，結果陷入恐懼錯失的匱乏心態，把自己導向不利的地方。

到最後，不用等到通膨讓你的錢縮水，自己盲目投資的作為反而先讓財富縮水。若真如此，當初不投資才是更好的選擇。

重點概覽／

- 投資理財從來不是只跟金錢有關，還跟人生規劃有關。
- 投資的基本目的是維持購買力，但也別忽略：抵抗通膨的方法不是只有投資而已。
- 當人的能力成長，薪水也隨之向上成長，如此便抵消了通膨的影響。這是把金錢與個人能力，都視作人生資源來累積的觀念。
- 若是陷入「非投資不可」的心態時，反而會因為急著投資而做出錯誤的投資決策。
- 金錢的成長速度愈快，通常所冒的風險也愈大，但能力的成長幾乎沒有風險。讓自己的能力跟著通膨成長，而不是讓恐懼跟著通膨成長。

結語

成就來自於每一天的習慣

本書從一開始說明為何要培養好習慣，並介紹改變習慣四步驟：隔絕、引導、持續、追蹤，學習如何產生習慣紅利。接著來到五個應用習慣的領域，理解人生中哪些習慣值得培養，培養時又該注意什麼；至此，全書已將進入尾聲。

作為末篇文，我想是一個透露此書小祕密的時機：這本書的樣貌其實跟我最初想像有些不同。雖然內容規劃方向始終沒變，都是想藉由我對人生轉變的體會，撰寫出可以應用的觀念與作法。然而，主軸該用何種方式來呈現，從起稿到完稿之間存有不小差異，最終會回到影響我既深遠，又潛伏於日常中的習慣為主題，是在我意料之外，卻也令我更加振奮。

寫書的過程，真的跟人生發展很像。如同我在國中階段求學並不順遂，到後來卻有了嶄新的發展，人生際遇就是如此難以捉摸。而你我自身的習慣依然是那條看不見的繩子，牽引著自己往想要的人生前進。

誠然，習慣需要時間才能養成，改變絕不可能在一瞬間。或許這也是我熱衷於研究習慣的原因，它無法速成，而是需要熬過一段時間才能擁有。所幸，好習慣也會為自己營造出寬敞的能力護城河。

關於養成習慣需要多久時間，目前最有學術根據的說法是平均需要六十六天；簡易的習慣需要十八天，困難的習慣則需要兩百五十四天，怎麼看都不是短短一兩天的事。

但巧妙的地方就在於，養成習慣雖非一兩天的事，卻跟你每天做什麼有關。如同本書提及的觀念，養成習慣的訣竅不在於最終要走多少步，而在於你能否走好每一步；只要能過好每一天，相信就能過好此生。

接下來，我就從審視一天的角度來為這本書收尾，隨後附上一份清單，上頭列出值得培養的四十個好習慣。當你之後又深陷生活中各種雜事時，當你想要突破現況時，當你再度無暇顧及習慣養成時，當你迷惘該怎麼做時，都可以來此喚醒一些每天應該留意的事，持續朝想要的人生前進。

凡事都從最重要的事情開始

一個人用心投入生活與工作時，事情很難不堆積如山，但是人的心智就是有限，想要同時處理的事情愈多，每件事被分配到的專注度就會愈低。加上人的心智不擅長分辨事情的輕重緩急，當眼前要處理的事開始變多時，原則上每一件事都會想處理，或是只想從最緊急的事情開始。

所以，要時常提醒自己從最重要的事情開始做起，就算因為某些原因必須先做其他事情不可，你也要在之後能自主掌控時間時，先找出對你最重要的事情，並運用小積步法則，把事情化為立即可以做的事，推動事情的第一張骨牌。

如果可以，一次做一件事就好。畢竟專心做一件有價值的事，會比做了很多低價值的事來得好。請記得那句話：「最重要的事，就是把最重要的事，當成最重要的事。」

早上做好準備，整天事半功倍

對大部分人來說，早上是一天當中精神狀態最好的時段，上班前的空檔也是一天中少數專屬於自己的時間。除了安排晨讀時間，早上開始工作前，也可以花幾分鐘的時間規劃當天的工作進度，或是整理待辦事項清單，確認自己不是都在做低效或低價值的事情。

如同那句話：「好的開始是成功的一半。」早上如果能把當天的事情先安排好，更容易維持一整天深度的專注力，工作成效將會顯著提升。

從微小習慣開始，用核心習慣持續

改變生活要先從培養微小習慣開始，比如隔絕會分心的事物，或是每天進行簡單、容易堅持的運動，在通勤期間學習新知等這類立即可實踐的小習慣。不過隨著微小習慣增多，你要開始建立幾個主要的核心習慣，讓這些微小習慣圍繞在核心習慣下進行。如此一來，你每天的任務就是維持一兩個核心習慣，數個微小習慣就會同步進行，進而形成習慣迴圈。

以我來說，定期寫作就是我的核心習慣，圍繞在寫作習慣周圍的微小習慣，都是為了能更順利地寫作。比如我需要整齊的桌面讓我的思緒暢通，需要隔絕分心事物專心創作，需要定期喝水、少量多餐維持血糖的穩定，需要運動來排解工作的壓力跟儲備體力，需要存錢與投資才不會有後顧之憂，需要好的睡眠作息讓我保持寫作的專注。

將數個微小習慣圍繞在一個核心習慣下進行，長期下來你只要維持好核心習慣，其他習慣就會跟著持續下去。

不要煩惱問題，而是要切割問題

人會對超出自己當下能力的問題感到恐慌，此時人的大腦更容易回到面對問題的原始狀態：焦慮、煩惱、擔憂，而理性思考的功能會被強制暫停。

所以，先處理情緒，再處理問題。如果能夠把大問題切割成小問題來解決，情緒上會比較快恢復冷靜，也有機會找到更好的解決方法。另外，如果一時無法切割問題，也可以試著套用決策流程的概念，釐清眼前問題的癥結點。

移除工作時會導致分心的事物

在做事的過程中分心，所耗損的時間成本將比想像中多。第三章提過的學者葛洛麗雅．馬克就另外分析過，當人的注意力被另一件事情拉走後，平均要花約二十三分鐘才能再回到原本的工作上，期間都是在做無關的事。而且前面提過，你還需要投入額外的專注力，才能找回原先的工作步調。

所以，盡可能把會干擾你做事的東西移除，或擺放到視線看不見的地方。如果你的工作性質不需要隨時查看手機，更是要維持把手機收起來，或是螢幕翻過來朝下擺放的習慣。

學習要有輸入也有輸出

培養能力時，吸收知識只是基本的學習，能夠延伸知識才是進階的學習；吸收就是輸入，延伸就是輸出。

不少研究表明，經過自己詮釋過的學習，對內容的理解程度會更好，無論是透過書寫心得、筆記，或是口述給另一個人聽，都能讓大腦重新組織學過的內容，往後運用時也更容易回想。這點你自己隨時都能驗證，當你讀完一本書或是聽完一場演講，試著產出一則筆記，之後你肯定會對內容有更深一層的理解。

持續輸出與輸入也會帶來學習的習慣紅利，有利於你將知識融會貫通，避免需要使用時找不到頭緒。人的大腦會存放學過的知識，但方式會因你的學習過程而有所不同，當你都只有輸入而沒有輸出時，就好像把學習的知識疊放在腦中的知識平臺上，時間久了有可能會崩塌；當你有輸入也有輸出時，知識才會像是樂高積木般，一個扣住一個疊加起來，其穩固程度更勝於只有輸入沒有輸出。

如果不知道該怎麼辦時，請閱讀

人解決問題的方式有兩種：運用執行力，或是運用創造力。不過這兩種方法的使用時機不同，當目標清楚時，你需要執行力去落實每天的待辦事項，可是當你發現工作或人生進展停滯不前時，你就需要創造力來突破現況。

要啟發解決某種困境的創造力，閱讀就是我能想到在金錢成本與便利程度最有效的方式。比如你想要增進表達能力，就去看教人說話的書；想要學習投資理財，就去讀投資理財的書；想要了解自己，就去讀心理學相關的書；想要搞懂人生意義，就去讀別人的傳記，或是探討哲學相關的書。甚至你想度過一段愉快的時光，閱讀小說也能帶給你高優質的快樂。

定期安排時間體會心流

在正向心理學（Positive Psychology）領域中，研究表明心流現象會讓人體會到幸福感。雖然每個人對於心流的體會不盡相同，但有一個相似點：會覺得時間過得很快，而且不會感到空虛。所以，定期安排會讓你產生心流的活動，有計畫地體驗高優質快樂，為自己的生活帶來更多正向情緒。

至於從事什麼活動才能產生心流？每個人多少不同，常聽到能產生心流的活動有：繪畫、寫作、閱讀、演奏樂器、做瑜伽、爬山、游泳、拼圖，這些活動都具有明確的目標，能獲得即時回饋，以及具有挑戰性，因此讓人全心投入。

不過，做什麼並非產生心流的關鍵，重要的是該活動真的能讓你體會到心流的狀態，讓自己沉浸在幸福的氛圍之中。

別讓時間來找麻煩，要去找時間來安排

想要有時間，需要先空出時間，預先分配好時段做特定的事情。其中，這兩件事尤其重

要：一、空出時間給重要的事；二、預留時間處理做不完的事情。

如果你可以自主安排時間，建議你直接空出早上的時間專心做最重要的事。如果你的時間無法自行安排，或是事情經常一連串地湧進，就試著在下班或假日時，至少空出一個時段專心做對自己長遠重要的事。關鍵在於你要先刻意地安排時段，也才會真的有時間去做。

再來，保留緩衝時間處理做不完的事情，減少對時間產生的匱乏感，否則你的時間過於緊湊，每次沒做完的事情都會壓縮到下一個事務的處理時間，也會降低工作品質。

你不妨在每天午餐後與下班前安排一小段空檔，利用午餐後的時間補齊早上的進度，同時緩和工作緊繃的情緒，再運用下班前規劃隔天的待辦事項，從容迎接下班後的時光。隔天一早可以馬上接續工作，專注做最重要的事。

別把問題丟給未來的自己

世上存有「閾值」的自然法則，當事情累積到一個臨界點時會產生很大的變化。比如水雖然有表面張力，但茶杯的水滿到一個程度後還是會溢出來；大雨超過每小時的排水量就會開始淹水；社會學家馬克・格蘭諾維特（Mark Granovetter）提到的現象，人的集體行為超過某個閾值將引起騷動。

我們可以藉由觀察這些事件獲得啟發，當一個問題拖到愈後面處理，愈可能突破某個未知的臨界點，導致事態變得更難處理。比如你原先可以從容地寫完報告，卻拖到最後一天才開始趕工，恰巧當天出現另一個急需你處理的麻煩，你的壓力不只暴增，報告的品質會變差，內容更容易忙中有錯。

如果將時間拉長來看，財務跟健康狀態也不該延後面對，因為人生愈晚面對這兩件事，遇到的問題經常愈難處理。比如到了退休前幾年才開始煩惱退休金，準備上就顯得特別困難，退休後的生活品質也愈難提升。到了身體出現警訊時才開始重視健康，也可能要面對更麻煩的健康問題，需要更龐大的醫療費。

所以，現在就能緩解的問題，不要丟給未來的自己去面對。盡量別把問題拖到最後一刻才處理，養成把處理進度均攤在每天或每週去執行的習慣，而不是將來被迫面對更難處理的問題。

附錄

值得培養的四十個習慣

#關於能力發展的習慣

□閱讀習慣
□寫作習慣
□通勤時間學習
□工作前的準備流程
□工作遠離分心事物的習慣
□整理工作桌面
□培養帶著走的能力
□定期規劃三到五年後的事
□守時的習慣
□培養能夠進入心流的習慣

#生產力習慣

□設定目標的習慣
□拆解目標步驟的習慣
□追蹤目標進展的習慣
□設定期限標竿的習慣
□回顧當天工作的習慣
□從簡單的第一步做起
□分辨事情優先順序
□為內在誘因做事情

#金錢習慣

□先支付自己的習慣
□長期投資的習慣
□定期投資的習慣
□遠離負債的習慣
□掌握金錢花用去向（記帳）
□追蹤個人資產淨值
□存緊急預備金
□規劃年度預算

#思維與選擇習慣

□思考底層價值的習慣
□記錄想法的習慣
□長期思考的習慣
□正向思考的習慣
□避免二分法的思維
□運用決策流程做決定

#晨間習慣

□早上寫好當天待辦事項
□早上安排事情優先順序
□早上空出十五分鐘學習
□早上關注周遭好的事情

#健康習慣

□定期運動的習慣
□定期補充水分的習慣
□定期檢查牙齒的習慣
□規律的睡眠作息

致謝

一本書從撰寫到出版需要耗費大量的人力資源，要謝謝所有經手製作跟推廣這本書的三采文化同仁，因為有你們這本書才能如期出版。

在此則想特別謝謝編輯此書的微宣，那些散落在各篇的文獻引用資料，以及字裡行間的細節，是在妳有脈絡地整理下才能清楚地呈現。再來要謝謝育珊，在此書撰寫期間提供想法跟點子，還有給予後續行銷此書的巧思規劃，讓此書在出版後能被更多人閱讀到。同時也謝謝雅青，一路來支持我在寫書上的創作，並在我遇到出版相關難題時，給予大力的支持。能夠跟你們一同完成一本書，之中的喜悅是無法言語的。

最後，要感謝我的妻子馨儀，因為有妳，我才能順利完成這本書，以及過往的每本書，妳絕對是隱身在我著作後面最重要也最需要的人。

艾爾文

注解

前言

①—原文："All our life, so far as it has definite form, is but a mass of habits." — William James

CH1 關於習慣

①—第二曲線是由查爾斯·韓第（Charles Handy）提出。概念是每種工作或技能都會隨著時代需求而有爬升期、高峰期與下滑期，無論企業或個人，都要趁高峰期擁有最多資源時，部署下一條曲線，在前一條曲線開始下滑時，讓正在爬升的第二條曲線接續上來，如此就能維持整體更長遠的發展。有興趣的人不妨閱讀《第二曲線》這本書了解細節。

②—某次威廉·福克納在紐約接受《巴黎評論》採訪時被問到，想成為優秀的小說家，是否有任何的成功公式可追尋？福克納如此回答。"Always dream and shoot higher than you know you can do. Don't bother just to be better than your contemporaries or predecessors. Try to be better than yourself."Jean Stein,"William Faulkner, The Art of Fiction No. 12," https://www.theparisreview.org/.

③—這句話被誤傳是亞里士多德說的話，卻是出自威爾．杜蘭筆下的《哲學的故事》，但確實是他從亞里士多德的哲學中歸納而成的想法。

④—Kelling, G. L., & Wilson, J. Q. (1982, March). Broken Windows. *The Atlantic.* https://www.theatlantic.com/magazine/archive/1982/03/broken-windows/304465/

⑤—黑洞有強大的引力，在物理上時間也確實會被重力所影響，時間會因為重力而變慢，形成所謂的「時間膨脹」。

⑥—Dar, R., Rosen-korakin, N., Shapira, O., Gottlieb, Y., & Frenk, H. (2010). The Craving to Smoke in Flight Attendants: Relations With Smoking Deprivation, Anticipation of Smoking, and Actual Smoking. *Journal of Abnormal Psychology, 119* (1), 248–253.

⑦—富蘭克林在一七三二到一七五八年間，每年都出版一本《年鑑》，記載他對於生活各種的觀察與體會。此句話出自一七四五年出版《年鑑》中的〈十月〉"Tis easier to prevent bad habits than to break them."

⑧—心像好比人在回憶孩童時所見所聞的記憶，或是憶起曾經聽過的一首歌。心像衍生的能力是「心像旋轉」（mental rotation），在腦海中想像事物上下左右旋轉，這也是人回顧之前走過的路、做過的事的能力。

⑨—Gensel, L. (2005). The Medical World of Benjamin Franklin. *Journal of the Royal Society of Medicine, 98* (12), 534–538.

⑩—Richard Wiseman, "NEW YEAR'S RESOLUTION PROJECT," http://www.richardwiseman.com/.

⑪—Norcross, J. C., Mrykalo, M. S., & Blagys, M. D. (2002). Auld Lang Syne: Success Predictors, Change Processes, and Self-Reported Outcomes of New Year's Resolvers and Nonresolvers. *J Clin Psychol, 58* (4), 397–405.

⑫—Oettingen, G., & Mayer, D. (2002). The motivating function of thinking about the future: Expectations versus fantasies. *Journal of Personality and Social Psychology, 83* (5), 1198–1212.

⑬—這句話我是從《象與騎象人》一書中讀到，查詢後此句子是出自莎士比亞劇作《Troilus and Cressida》，原文是“Things won are done; joy's soul lies in the doing.”

⑭—要特別區分的話，腦內啡是身體裡的化學合成物，多巴胺則是神經傳導物質，專門負責傳遞化學信號，其中包括傳導愉悅感、興奮感。但為了方便描述，在書中就都用俗稱的「快樂激素」來表示。只是它們到底是不是激素（荷爾蒙）的一種？沒有統一的說法，因此不在本書裡討論。

⑮—Lumey, L. H., Ravelli, A. C., Wiessing, L. G., Koppe, J. G., Treffers, P. E., & Stein, Z. A. (1993). The Dutch Famine Birth Cohort Study: Design, Validation of Exposure, and Selected Characteristics of Subjects after 43 Years Follow-Up. *Paediatr Perinat Epidemiol, 7* (4), 354–67.

⑯—原文：“Happiness is not something that you can find, acquire, or achieve directly. You have to get the conditions right and then wait. Some of those conditions are within you, such as coherence among the parts and levels of your personality.”

⑰—習慣有正向迴圈，也就有負向迴圈，當你養成一項不好的習慣，可能會連帶影響其他生活與工作面向。比如遲到的習慣，可能讓你匆忙結束上一個行程，慌亂中進行下一個行程。而拖延的習慣，可能會讓你在最後一刻才著急完成事情，導致成果的品質不夠，後續又要花更多時間彌補，造成時間更不夠用。此外像健康習慣，金錢習慣，生活習慣，都會像漣漪般影響其他面向。

⑱—藉由習慣來連結的概念，出現在許多探討習慣的文獻中。比如查爾斯・杜希格所說的「核心習慣」，《原子習慣》作者說到的「習慣堆疊」，或是B. J. 福格早先提出的「微習慣食譜」，大意都是藉由一個習慣去養成另一個習慣。

⑲—習慣螺旋是某天我自己體悟出的想法。類似向上成長螺旋（The upward spiral of growth）的概念則在史蒂芬・柯維的《與成功有約》出現過。為了撰寫此書，我後來上網研究資料，看到國外著名網站Zen Habits 也提出過類似名詞，進而了解到比爾蓋茲的這段內容，在此備註該篇文章：The Spiral of Successful Habits。該文中提到習慣具有螺旋的效應，不過作者是指藉由一個習慣帶出另一個習慣，而我的概念是強調跨越不同領域的應用，兩者的概念本質上不同。但該文依舊能帶給人養成好習慣的啟發，有興趣的讀者不妨上網查詢。

CH2

選擇的習慣

①—傑西・李佛摩說的原文："And the conclusion that I have reached after nearly thirty years of constant trading, both on a shoestring and with millions of dollars back of me, is this: A man may beat a stock or a group at a certain time, but no man living can beat the stock market!"

②—你想知道早上何時適合喝咖啡的話，大約是起床後的兩到三小時喝一杯，緣由是要趁皮質醇開始下降前補充咖啡因。皮質醇可以讓人專心應付困難，會在早上起床時維持在高檔，兩到三小時後開始下滑，所以在下滑階段補充咖啡因可維持皮質醇。但我不知道這方面是否有實驗對照，原則上還是看個人習慣來飲用即可。

③—底層價值一詞也有人稱「潛在價值」。但若是論公司的潛在價值，表示將來未必會實現，也可能包含無形的商譽，因此這邊選擇用比較具體的「底層」一詞來示意。

④—中途島戰役是戰爭史上著名的一場海戰，是扭轉二戰戰局的關鍵之一。在此引用為「中途決定」來突顯這些決定的重要性。

⑤—Kahneman, D., Knetsch, J. L., & Thaler, R. H. (1991). Anomalies: The Endowment Effect, Loss Aversion, and Status Quo Bias. *JOURNAL OF ECONOMIC PERSPECTIVES, 5* (1), 193–206.

CH3

思維的習慣

①—心流，指一個人全神貫注於某件事而渾然忘我的境界。

②—Mark, G. (2008). The Cost of Interrupted Work: More Speed and Stress. CHI'08: *Proceedings of the SIGCHI Conference on Human Factors in Computing Systems*, 107–110.

③—原文：“Victory awaits him who has everything in order—luck, people call it.” 譯文出自《從0到1》。

④—蘿拉．卡斯藤森因為二十一歲時遭遇一場車禍，住院好幾個月，逐漸興起研究年老與時間的問題，後來成為這方面的專業學者。人總是在意外中有機會開啟自己另一個不同的人生方向。

⑤—據我手邊資料，這句話是一九五四年艾森豪將軍在某次演講時，引用一位不具名前校長的話，全文是：“I have two kinds of problems: the urgent and the important. The urgent are not important, and the important are never urgent.”這句話也可能是後人傳頌艾森豪矩陣的起源。

⑥—祖父悖論：如果你回到過去影響了祖父輩的生活，父母因此各自娶嫁另外的人，你就有可能不會出生。若沒出生，你怎麼又能回到祖父輩的時代影響他們的生活？這之中就出現了悖論，這類的邏輯即使是科幻小說都很難有合理解釋。

⑦—‘Reproduced with permission from The Future of Retirement, published in 2013 by HSBC Insurance Holdings Limited, London.’

⑧—Locke, E. A., & Latham, G. P. (2002). Building a Practically Useful Theory of Goal Setting and Task Motivation: A 35Year Odyssey. *American Psychologist, 57* (9), 705–717.

⑨—這部分也是呼應前面「選擇的習慣」章節（P.107）提到的內容，要培養用成長型思維的習慣來面對問題。

⑩—此段考研究所的經歷，我曾經在著作《別讓現在的壞事，趕走未來的好事》描述過，該篇文雖然也是圍繞運氣而寫，但當時礙於篇幅有些細節未能提到，藉此剛好補齊。

⑪—“……that luck is rarely a lightning strike, isolated and dramatic. It's much more like the wind, blowing constantly. Sometimes it's calm, and sometimes it blows in gusts, and sometimes it comes from directions that you didn't even imagine.” 這段內容連同婷娜．希莉格的出版故事，皆出自她在 TED TALK 的一場演講：The little risks you can take to increase your luck。

⑫—我在個人著作《你，很好》中寫了這句話。

CH4

時間管理的習慣

①—Sendhil Mullainathan 和 Eldar Shafir 在 *Scarcity: Why Having Too Little Means So Much* 一書中註明此研究出處：A. Keys, J. Brožek, A. Henschel, O. Mickelson, and H. L. Taylor, *The Biology of Human Starvation,* 2 vols. (Oxford: University of Minnesota Press, 1950).

②—Sendhil Mullainathan 和 Eldar Shafir 在 *Scarcity: Why Having Too Little Means So Much* 一書中寫到此情況出自：Russell, S. A. (2006). *Hunger an unnatural history.* Basic Books.

③—姬健梅（譯）（2011）。不拖延的人生。臺北：先覺出版社。（Steel, P., 2010）

④—精實創業的領域中也有類似的策略，叫最小可行性產品（Minimum Viable Product，MVP）：先以最低的人力與時間成本，開發出足以測試市場反應的產品或服務，然後再依市場反饋來研發功能更完善的產品。相較於一開始就投入大量資源研發產品，初期「試水溫」的策略除了可以有效運用資源，也可以讓新創公司「先跨出一步」，吸取市場經驗值。

⑤—這段吊橋鐵路歷史，我在《你的夢想就是最棒的存錢筒》提過，用來形容「跨出成長第一步」的想法。如今這個概念對我來說更成熟了，所以精簡事件淵源後再次引用。

⑥—Stephen Morris, "Domino Chain Reaction (geometric growth in action)," YouTube video, 02:33 (2009 年 10 月 5 日).

⑦—這句話原型來自我的著作《別讓現在的壞事，趕走未來的好事》，原句是：「若是沒有經過小事的累積，就不會看到大事的成績。」

⑧—Scott Adams, “Career Advice,” https://dilbertblog.typepad.com/.

⑨—社群小編或社群經理的職位不會只有發文、留言、辦抽獎活動而已，也有可能要掌握時事議題，懂得設計吸睛的圖片與寫出動人的文案。更進階的能力，則要了解如何透過廣告，精準找到潛在客戶。在以前，這些工作內容是分布在各行各業，如今卻能集結於一種職業裡。

⑩—第一原理原本是量子力學中的理論，後來被人衍生應用為從底層往上思考的原理。概念為一個成品如果可以回歸到基本組成的條件或事實，就有可能重組出新的成品，或是找出新的解決方案。

⑪—在此是簡略描述此類型的實驗，實驗動物也可能是鴿子，掉落飼料的時機除了動物按壓橫桿、按鈕時，也可能是依據動物對於聲光刺激的反應，或是由實驗人員在一旁觀察動物行為後，刻意在實驗動物出現某個行為時（比如原地繞圈）放出飼料，藉此誘導動物持續重複相同行為。

CH5

工作的習慣

①—Perlow, L. A., & Porter, J. I. (2009). Making Time Off Predictable—and Required. *Harvard Business Review, October 2009.*

②—林力敏（譯）（2018）。人生勝利聖經。臺北：三采文化。（Ferriss, T., 2016）

CH6

金錢的習慣

① — Kahneman, D., Krueger, A. B., Schkade, D. A., Schwarz, N., & Stone, A. A. (2004). A Survey Method for Characterizing Daily Life Experience: The Day Reconstruction Method. *Science, 306* (5702), 1776–80.

② — Stutzer, A., & Frey, B. S. (2008). Stress That Doesn't Pay: The Commuting Paradox. *The Scandinavian Journal of Economics, 110* (2), 339–366.

③ — Peter Attia, "Reverse engineered approach to human longevity," at MIT's Whitehead Institute, Vimeo video, 1:41:00 (2017 年 8 月 2 日).

④ — Dunn L. F., Mirzaie I. A. (2012). Determinants of Consumer Debt Stress: Differences by Debt Type and Gender. Columbus, OH: Department of Economics; Ohio State University.

⑤ — 這邊是用七二法則快速推算，實際上十四年下來的報酬是約九八%。

⑥ — 全球股市過去三十年的報酬率每年是八%到一〇%，就算預估接下來三十年報酬率下修，每年五%的年化報酬率我認為依然是在合理範圍內。當然，這是無根據的揣測，未來依舊沒人可下定論。

⑦ — 此文的初稿是在二〇二〇年時就撰寫好，當時通膨與升息議題尚未成為新聞焦點。編輯此書稿時正逢二〇二二年九月全球通膨延燒時刻，更期許此篇文能提供讀者一個新的思考方向。

國家圖書館出版品預行編目資料

習慣紅利：從工作管理到人生管理，從微小改變到人生蛻變 / 艾爾文作 . -- 臺北市：三采文化股份有限公司, 2022.12
面；　公分 . -- (iLead ; 7)
ISBN 978-957-658-958-4(平裝)

1.CST: 自我實現 2.CST: 生活指導 3.CST: 習慣

177.2　　111015724

suncolor 三采文化集團

iLead 07

習慣紅利

從工作管理到人生管理，從微小改變到人生蛻變

作者｜艾爾文
編輯二部 總編輯｜鄭微宣　責任編輯｜鄭微宣　美術主編｜藍秀婷　封面設計｜之一設計
內頁版型｜莊馥如　內頁排版｜Claire Wei　插畫｜艾爾文、郭麗瑜
校對｜艾爾文、黃馨儀、黃薇霓　行銷協理｜張育珊　行銷企劃主任｜陳穎姿

發行人｜張輝明　總編輯長｜曾雅青　發行所｜三采文化股份有限公司
地址｜台北市內湖區瑞光路 513 巷 33 號 8 樓
傳訊｜TEL:8797-1234　FAX:8797-1688　網址｜www.suncolor.com.tw
郵政劃撥｜帳號：14319060　戶名：三采文化股份有限公司
初版發行｜2022 年 12 月 30 日　定價｜NT$400
4 刷｜2024 年 1 月 15 日